人生の安定成長をうながし
夢を収穫しつづける

ハーベスト時間術

社会保険労務士
長沢有紀
Yuki Nagasawa

SOGO HOREI PUBLISHING CO., LTD

プロローグ　右肩あがりの長期安定を目指す時間術

この本では、**「右肩あがりで、長期安定した人生」**を築くための方法をお話ししていきます。

ゆっくりでもいい、着実に夢を叶え、キャリアを積み、目指す自分になっていけたらいい……。その代わり、自分の**望む全ての幸せ**を手に入れたい。私は常にそう思って、ここまで走り続けてきました。

その方法が、この本のタイトルにもなっている**「ハーベスト時間術」**なのです。

「ハーベスト」という言葉は、あまり聞き慣れない言葉だったのではないでしょうか？

ハーベストとは、「作物などを収穫する、刈り取る」という意味があります。

「夢」や「目標」という〝実〟を収穫するために、計画的に種をまき、育て、収穫

……というのが、この本で紹介するハーベスト的考え方なのです。

最近まで、とにかく突っ走り、無理をしてでも、虚像を作ってでも、実績をあげていこうというやり方が流行っていました。しかし、現在大変厳しい時代となっています。

簡単にでき上がった表面だけで身のないものが、あっという間に崩れ去っていく姿を、みなさんも目の当たりにしたのではないでしょうか？　考えさせられることも、多かったのではないでしょうか？

最初に全力で走っていくことは、否定はしません。ある程度は大切なことです。

しかし、一つひとつ確実にキャリアを積んでいかなければ、基盤がないもろいものとなってしまいます。成功を手に入れたとしても、長続きはしません。

ハーベスト時間術を実践していくと、一つひとつ「しっかり」「じっくり」「真面目に」人生を歩むことによって、**ゆっくりでも確実に人生は良くなっていく**のです。

いつも夢を思い描きながら、充実した人生を歩むことができるのです。

私は、銀行ＯＬから一転、当時最年少の25歳で社会保険労務士の国家試験に合格し、現在「２０００万円の年収を稼ぐ社会保険労務士」として、ありがたいことに、テレビや雑誌にとりあげていただくことが多くなりました。

また私生活では、夫と３人の子どもたちと５人家族で、充実した生活を送っています。

しかし、私は他の人と比べて、特別能力があるわけでもないし、仕事も速くありません。生き方が器用な方でもありません。むしろ、不器用です。

そんな私の毎日は、周りの人から見たら「信じられない！」というほど、やることが盛りだくさんです。仕事が山積み、子供も３人と山積み（ついでに双子まで）。

しかし、**24時間の中で周囲がびっくりするほどのことをやっているのは紛れもない事実**なのです。

実は、私は器用に上手く生きている人を見て、少し嫉妬をしながら生きてきました。

真面目で負けず嫌いだけがとりえの人間なので、「遠回りしたって、時間がかかっても、まっすぐ自分の思う道を着実に進んでいけば、絶対努力は報われる。いつか見ていろよ！」という気持ちで頑張ってきました。

今では、こんな言葉をよくいただきます。

「長沢さんって、今の仕事で食べられるようになるまで、かなり時間がかかったし、仕事振りも地味だよね。時代遅れだなって思っていたこともあるんだよね。でも、**10年以上経って、長沢さんの事務所を見てみると、基盤が強くてしっかりしているし、事務所も仕事のやり方もとにかく堅くて、安定しているよね。理想的だよね。うらやましいよ**」

「私は要領も良くないし、大きなこととなんてとてもできないし……」という人も、いっぱいいると思います。

大丈夫です。私がその典型な人間ですから！

これからは、私達のような人間が勝つ時代、評価される時代だと思いませんか？

そうは言われても、夢なんてないし、考えたこともない、今を生きるのが精一杯という人も、多いと思います。

一度、目を閉じて考えてほしいのです。

夢とかそんな大それたものでなくても良いのです。

「こうしたい」「こうなりたい」は、どんな人だってありますよね。

「試験に合格したい」『女優になりたい」と、わかりやすい夢があれば一番良いですが、「もっと痩せたい」「異性にモテたい」「失業中だけど、早く仕事を探したい」「結婚したい」「マイホームを買いたい」「長生きしたい」「あのバックを買いたい」……夢って、そんなことからでも良いのです。

目標があれば、毎日の濃さが違うはずです。

本書では、私の理屈抜きに、失敗も繰り返しながら、自然に身についたハーベスト

時間術の実例を中心にお伝えします。

【1章　夢の種をまけば必ず芽は出る】では、「夢を叶えるハーベスト的考え方」の基本をご説明します。

数日後、あるいは数週間後の仕事に追われてしまう毎日ですと、心も体もドンドン疲れてきてしまいます。これは出口のないトンネルを進んでいるのと同じ感覚なのかもしれません。

この章では、自分の夢や理想を思い浮かべ、それが今の自分に何をプラスしていけば良いのか発見するための考え方をお伝えします。

「10年後に自分はどうなっていたいのか」という未来像を作ってみましょう。こうすることで、トンネルの先から光を感じることができます。たったこれだけのことで、日常生活において狭まってしまった視野を広げることができます。**毎日の生活に目的を見出すこと**から始めてみましょう。

【2章　種まきをあせらずに】では、「夢への第一歩を踏み出すために」必要な時間に対する私流の考え方を中心にご説明します。

1章で自分の足りない「何か」が見つかったのなら、それを**身につけるために行動を起こさなければなりません。これが「種まき」**です。もちろん一見意味のない種もたくさんありますが、最初は気にせずにドンドン種まきをすることが大切です。

時間術といいながら、時間のロスを容認するのは変だと思われるかもしれませんね。しかし、それは決してロスではないことに気がついていただけると思います。

10年という時間は、失敗を経験としてプラスにするには充分な時間です。失敗を経験しながらも、その中で、計画通りに物事を進めることが習慣となるようにして、それが安定を生み出す源になれるようにしていきたいものです。

【3章　育ちはじめた芽に愛を注ぐ】は、「夢に進むときのコツ」です。

私が実践している**愛もたっぷり、気持ちもワクワクする小さな時間術**を中心にお伝えします。実際に種まきをすると、これから長い時間を使ってどのように進めていこうかと悩むことがあるでしょう。10年は決して長くありません。

日々の生活の中で通勤時間や仕事への取り組み方、あるいはプライベートの積み重ねで、いかに時間を有効に使うのかを学んでいきましょう。

【4章　育て方を見直す】では、「夢に向かって加速するコツ」を、**仕事に対する考え方、進め方**を中心にお伝えします。仕事にはかなり厳しい私のエッセンスがいっぱいです。

新しいことに取り組んでいると、上手くいかないこともあるでしょう。これを経験と取るか、挫折と取るかは個人の性格によって様々だと思います。同じ失敗を繰り返さないための方法や、日々の仕事に押し潰されないための実践的なノウハウを学ぶことができますので、収穫のその日までに後悔しない土台作りをすることができます。

今の私を作った**「継続する力」**をあなたもぜひ、身につけてください。これは才能やセンスなどに負けない大きな力です。

【5章　収穫し、また種をまく】では、「夢を叶えたその後」についてご説明します。さあ！　いよいよ収穫の時期です。立派な作物を収穫できた！　それほどでもなかった……、など頑張った末の結果は様々でしょう。

私は収穫には2種類あると考えています。それは資格取得やお仕事の成功など「目に見える収穫」と、「継続した経験」です。しかし、せっかく種まきをして収穫を目指したのですから、結果が出るほうが良いですよね？　この章では、**収穫の時期を迎え、次の種まきに備えた考え方**について学ぶことができます。

今回これを手に入れたから、次はどれにするか？　10年後までにあといくつの収穫が必要なのか？　それらを理解することで、1章の例で挙げたトンネルの先の光をドンドン強くすることができます。

ハーベスト時間術は、仕事もプライベートも解決することができます。

何度も読み直してあなたなりの収穫計画を立ててみましょう！

今まで時間術の本を読んだことはあっても、

「私には、こんな難しいことはできない」

「なんか、効率第一、効果第一という考え方に違和感がある」

「なんか温かみがないんじゃないかな？」

と、ちょっと拒否反応を起こしていたみなさんも、この本を読み終える頃には、

「これなら、私にもできそうな気がする！」

「今日から少しずつ前に進める気がする！」

「悩んでいたあのことを、やっぱりやってみよう！」

今までにない熱い気持ち、温かい気持ちでいっぱいになっているはずです。


種をまかなければ、芽は出ません。何も育ちません。

ぜひ、素敵な種をまいて、夢という名の収穫を目指してください。

長沢有紀

平成21年3月

ハーベスト時間術　◎　目次

2章　種まきをあせらずに

3章　育ちはじめた芽に愛を注ぐ

4章　育て方を見直す

④
夢の「芽」を選別する

実践していくうちに、芽が出はじめるもの、発芽しないものがありますが、それで良いのです

（例）
「資格は社労士に絞る」
「専用のトレーニングコーチをつける」
「最良の相手を選ぶ」

⑤
育てる

実りの収穫（夢の実現）まで、コツコツと愛情をかけていきましょう

（例）
「一流の社労士事務所に勤務」
「独立に向けて準備」
「パートナーとの愛を育む」

⑥
収穫

夢の実現。再び次の目標に向け、①をはじめましょう

（例）
「独立開業して軌道に乗る」
「結婚し、子供ができ、家庭が充実する」

①〜⑥を繰り返し、
右肩上がりな長期安定の人生へ

ハーベスト時間術の仕組み

①
収穫をしている自分をイメージ（10年後など長期の）

大まかなイメージで構いません

（例）
「安定した仕事のキャリアを築き、自分の仕事に理解のあるパートナーと幸せな家庭を築きたい」

②
夢の「種」をみつける

欲張っても良いのでたくさんみつけましょう

（例）
「社労士の資格をとりたい」
「行政書士の資格をとりたい」
「宅建の資格をとりたい」
「語学をマスターしたい」
「素敵な恋人がほしい」
「スリムな体型になりたい」

③
すべての種をまく

すべて実践・行動してみることが大事です

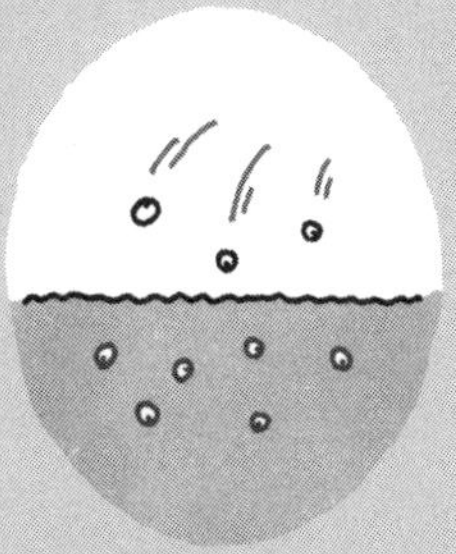

（例）
「資格の資料を取り寄せる」
「語学の学校に通う」
「パーティーに参加する」
「スポーツジムに通う」
「食事制限をスタートする」

カバーデザイン：田中正人（MORNING GARDEN INC.）
イラスト：八木美枝（SHD）
本文図版・組版：横内俊彦

1章
夢の種をまけば必ず芽は出る

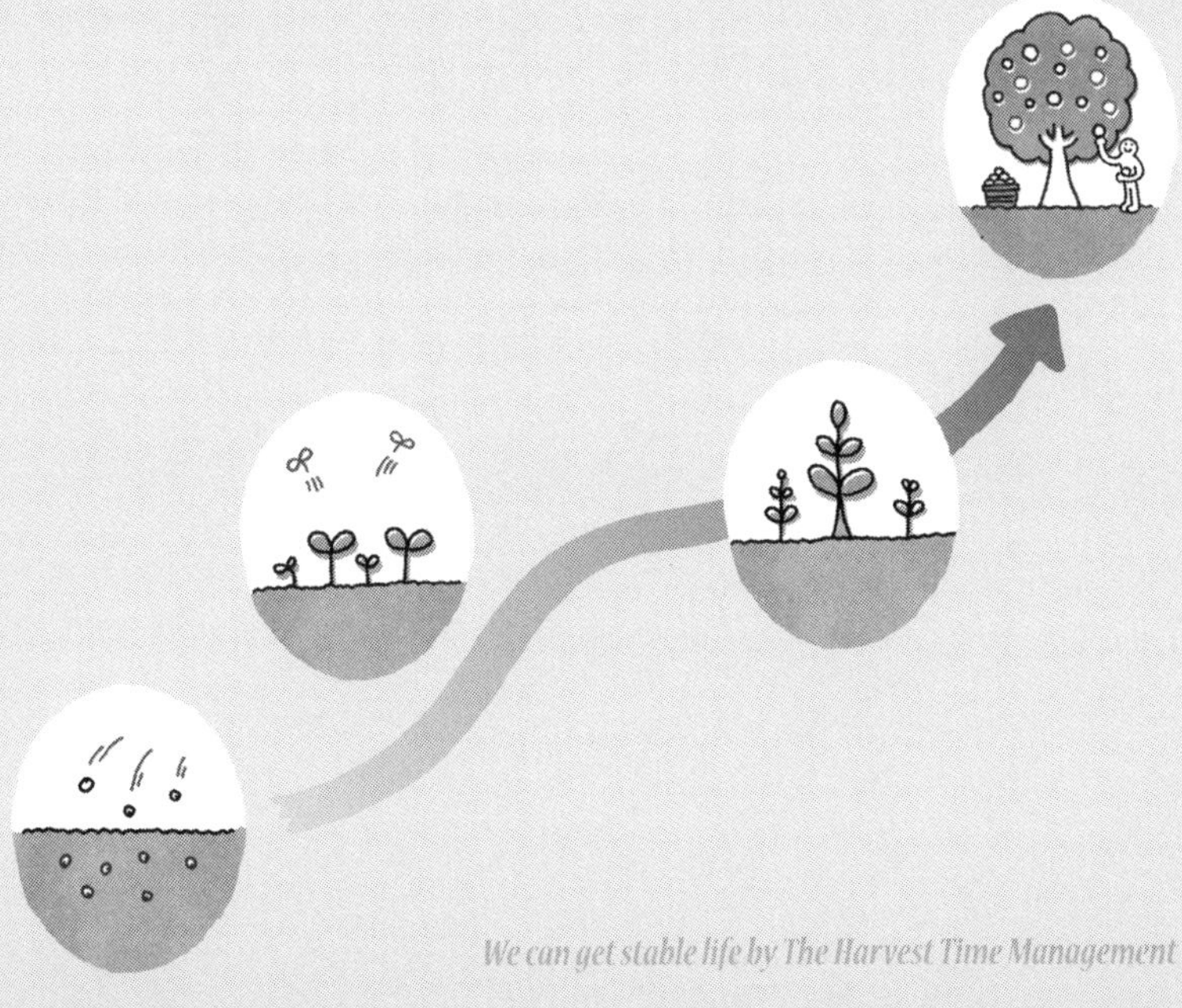

We can get stable life by The Harvest Time Management

着実に結果を出せるハーベスト的考え方

今まで私は社会保険労務士として、様々な経営者の方を見てきました。

その結果、「ビジネスの仕方」が、大きくふたつに分かれることに気づきました。

ひとつは**「狩猟型」の取り組み方**です。

これは、大きな獲物をハンティングするイメージです。得られる物は大きいかもしれませんが、何も結果が出ない可能性もあり、また場合によっては大きなダメージを受けることも考えられる、ハイリスク・ハイリターンな取り組み方です。

例えば、受注すれば社長賞間違いなしの成功率5％の仕事があります。一方、収益はささやかながら、継続して売り上げが発生する成功率90％の仕事があります。

狩猟型ビジネスは前者を狙う取り組みです。このように大きな仕事ばかりを狙う人は、成績の良い年もありますがさっぱりな年もあり、業績のブレ幅が大きく数字が読みづらくなるでしょう。これでは、今の不景気のトレンドにはマッチしていません。

そして、もうひとつは**「農耕型」の取り組み方**です。

これは、しっかり、じっくりと育てていく仕事のやり方です。時間がかかるものの、基礎をしっかり作ってしまえば、安定的な結果を生むことができる方法なのです。

先ほどの例でいえば、継続して売上を上げられる仕事をいくつも積み上げていくことで、新規の仕事を受注しづらくなっても、ある程度の収益は望めますので、保険の代わりをしてくれるでしょう。

ビジネスの戦略であれば、ふたつの取り組み方のどちらが優れているとは言い切れません。しかし、これを**人生の取り組み方**にまで落としこんでみると、話は変わってきます。

人生の長いようで短い時間を有意義に過ごすためには、できるだけムダなことに時間を使うべきではありません。ましてや、会社のために働いている人が狩猟的な考え方で行動して失敗すれば、致命的なことにもなり得ます。そのため、確実に結果の出る農耕型が良いのは言うまでもありません。

私は様々な経営者やビジネスマンと話す機会がありますが、狩猟型の危なさに気がつき始めている人が増えていることを強く感じます。しかし、農耕型の方法を試みようという人の多くから、「目標はあるけれど、時間がかかるのは嫌だ」という言葉が出て来るのが実際のところです。

私は、本著を執筆するにあたり、「自分の考え方と時間の使い方」を20歳から現在まで振り返ってみました。すると、私が実践している時間の使い方ならば、**農耕型の取組みにも関わらず、ある程度のスピードを保ちながら充分な結果が出せる**ことが分かったのです。

私は、自分の時間の使い方を**農耕型から一歩進んだ「ハーベスト型」**だと考えています。ハーベストとは「収穫」を意味する言葉です。

従来の農耕型が「コツコツやれば、いずれ芽が出る」という考え方なのに比べて、ハーベストはきちんと収穫を意識しています。

自分の人生設計を農業に置き換えて考えることで、**「収穫を第一目標」にして、大切な部分は充分に時間を使い、ムダは省く**のです。

これだけで、あなた自身が望む夢や目標のほとんどが実現できるようになります。

大切なのは、周りからどう思われるかではありません。ましてや、時代の流れに身

	メリット	デメリット
狩猟型の取り組み	早く成功できる	結果が出ないかもしれないリスクも高い
農耕型の取り組み	安定して物事が実現できる	実現まで時間がかかる
ハーベスト的取組み	安定して物事が実現できる	狩猟型ほど早く結果は出ないが、農耕型よりは早く着実に実現できる

を任せることでもありません。

あなたが**どのように時間を使って、夢をつかむのか**。そして、**大切な人とどのように人生を歩んでいくのか**です。これ以上に大切なことなどあるでしょうか。

ハーベスト的な考え方は、人生のあらゆることにおいて万能です。仕事でも、恋愛でも、交友でも、あるいは子育てにだって応用できます。

ぜひ、本著を読み進めていただく上でハーベスト、つまり**「収穫」を意識し、「自分なら何ができるか」**を考えてみてください。

収穫するべき「夢の種」の見つけ方

ハーベスト的考え方とは、特定の「収穫」を第一目標として、時間や労力をコントロールするということをお話ししました。

その「収穫」とは、**「具体的な夢」を実現すること**です。あなたの収穫すべき夢は何でしょうか？　これが**ハーベスト的考えの「種」**にあたります。

何もまかなければ、何も育たないし、収穫もできません。つまり、夢を具体的に描かないと、いくら耕しても何も叶わないし、何も得られないということです。

そうは言ってもどんな夢を描くのかわからない……という方のために、**私の「夢の種」の見つけ方**をご紹介いたしましょう。

私はいつも夢を見ています。「将来こうしたいな、こうなりたいな」と常に思い描いています。

どの夢もあきらめ切れません。とても欲張りなのは承知の上で、全部やりたいと思っています。もちろん、思い描くだけでは願望を引き寄せられないのがわかっていますので、「私流の努力」をたっぷり注ぎこむと、思った以上にいろいろできてしまうのです。人間がむしゃらになればどうにかなるものですね。

資格を取って開業してからも、結婚して家庭は築きたい。しかし、仕事は絶対に手を抜きたくないと考えました。できれば専業主婦でいてほしいという主人を、ああだこうだと上手くおだてて、見捨てられるギリギリのところで立ち回っていました。

私の夢の中で大きな比重を占める「仕事」ですから、報酬よりも、満足感や達成感を求めています。つまり感謝をされる仕事、自分が成長できる仕事がしたいのです。それは、単純作業とか複雑な仕事とかの問題ではありません。

仕事も少しずつ手ごたえを感じるようになり、家事も慣れてきた頃にひとり目の子供を授かりました。子供の誕生によって、仕事でお客様に見捨てられないか、ものすごく不安でしたが、私の仕事第一の姿勢が評価されたのか、逆にお客様が増えるようになりました。

そして、いつしか、あともうひとりだけ子供が欲しいと考えるようになりました。結果として双子だったので、妊娠中も出産後も、そして現在も言葉にならないほど大変です。今、どうにか仕事と家庭を両立して……というのは恐れ多いですが、頑張ってやっています。私は、主婦として生きる道がありながら、仕事をどうしても捨てたくありませんでした。もちろん家庭もです。

また、私は子供にしてあげられる一番のプレゼントは「教育」だと考えていますので、教育に熱心に取り組んでいます。子育てにおいて、教育ほど手のかかることはありませんが、「今が大切」「今が一番良いタイミング」というのを逃したくないのです。ちなみに、仕事をする上では、結婚も妊娠も出産も全てマイナスのことかもしれません。しかし、私の場合、なぜかそういうタイミングでお客様がたくさん増えています。

あきらめることはいつでもできます。しかし、たった一度きりの人生なのだから、もっと欲張って生きたい、できるだけ頑張ってみて、それでどうしてもムリだったらそのときにあきらめようといつも全力で生きています。

夢を思い描くときに、**「今どのような時間を過ごしたら将来幸せになれるのか」**を考えるようにしています。ひとつだけ私が、他の人より優れていることがあるとしたら、**「今どのような時間を過ごしたら、将来幸せになれるかがよくわかっていて、常に10年先を見ることができること」**かもしれません。

私は常に満足することがありません。しかし、全てを完璧にしようなんて思いません。夢をみて、そして叶えていくための計画や方法を立て、それに向けて思いっきり取組みさえすれば、結果がどうあれ後悔はしないものです。

私の「夢の種」の見つけ方は、いかがでしたか?

ずいぶん欲張りだと思ったかもしれませんね。しかし、まずは思いっきり欲張っていくつも夢を描いても良いのです。

そして、大事なことは、**夢の種をまく=実践・行動すること**です。

その次に、芽を選別すれば良いのです。

夢の種をまき、芽の種類を選別しよう

「夢の種」を見つけたら、とにかくまいてみましょう。**種をまく――実践する、行動をおこすということ**です。

まいた種の中で、全く芽を出さないものもあるでしょう。また、芽は出たものの、思うように育たないものも出て来ます。

予想に反して、どんどん大きく育っていくものもあれば、当初そんなに気乗りはしなかったのに、育てている間にいとおしくなり、一生懸命育てることになるものも出て来るかもしれません。

何が良いか悪いかは、わからないものです。それがどのように繋がっていくのか、予測不可能な部分もあります。ですから、**思いつく限りの種を、どんどんまいていく**べきなのです。「行動する」「一歩前に進んでみる」ということが、何よりも大切なの

です。

私達が何かできないということは、単に「スタートが切れない」からということが多いと思いませんか？　とにかくやり始めてみると「思ったほど大変ではないな」と思ったり、そのまま面白くて続けてしまったりということが多いですよね。

だからこそ、深く考えずとにかく「行動」してほしいのです。そのうちのほとんどが、ムダなことだったとしても、それでも良いのです（本当は、ムダなことは何ひとつありません）。

そして、次のステップとして**「自分の環境に合った芽を選び、順番に育てること」を意識してみましょう。「最終的にどうなりたくて」、そのために「何をしなければならないか」**を考えるようにしましょう。実際、あなたには「こうなりたい」という夢があるかもしれません。

例えば、「将来、大きなお金を動かすビジネスパーソンになりたい」という夢があり、何の経験もない新入社員がいるとします。その人が選ぶ「良い芽」は何だと思いますか？　もしかすると、「外国とのビジネスがあるだろう」と考えて、英語ばかりを勉強しているかもしれません。

ハーベスト的な考え方は「収穫を意識した考え方」だったはずです。

英語ばかりを勉強することで、果たして、いつ大きなお金を動かすビジネスパーソンになれるのでしょうか？

私がこの新入社員にアドバイスするなら「まず、就職した会社でコツコツ頑張ってビジネスの基本を学びなさい」と言うでしょう。そうです。何か夢があるのなら、**それをつかむために、まず大切に育てていかなければいけない芽は「基本」**です。基本的なことを軽視してはなりません。それは、多くの人が忘れがちですが、非常に重要なポイントなのです。

なぜなら、ものごとの基本がきちんとできていなければ、いつかどこかでほころびが出て来ます。逆に基本がきちんとしていれば、多少のミスなどがあっても、簡単に軌道修正でき、大きく崩れることはありません。働く人が当たり前だと思っている「ビジネスマナー」でさえ、ものすごく奥が深いものなのです。

人間は進歩する生き物です。その時々で**「ちょっとだけ苦手なこと」**が、今のあなたにとって押さえておかなければいけない基本的なことなのかもしれません。

私は、ひとつの収穫が終わると、次の種をまき、育てることを何度か繰り返してい

夢の種	具体的な内容
資格取得	国家試験など
勉強	語学など
仕事のスキルアップ	ビジネスマナー、営業ノウハウ、ソフトウェアの学習など
会社での評価	出世など
私生活	恋愛、健康など
結婚	主婦業、幸せな生活など
子育て	教育など

ます。その種は、10年前には全く興味もなく想像もしていなかったような種ということも多いのです。時間が経つにつれて軌道修正することや、目標が多少変わって来ることもあります。

しかし、私はいくつもの芽を育てていますが、これはひとつの大きな夢のためだけなんですね（これについては後の項目でお話しします）。

大きな夢をいくつも叶えるには、人生は短すぎます。だからこそ、選んだ夢をきちんと成し遂げるためには、最終的に重点的に収穫を目指し育てる芽を考えすぎるくらい考えて選別しなければならないのです。

時間の使い方が「夢の収穫」を決める

お金だけあっても、物が長持ちしても、夢は叶えられません。

夢を叶える最大の要因は「時間」です。

最近よく「人生の半分が過ぎてしまった」としみじみ考えてしまいます。人生って本当にあっという間です。しかし、半分過ぎたからこそ、まるで物語のように自分の一生が見えて来るようになったのも事実です。

自分の人生は、自分が主人公です。映画やドラマでは、個人的にはドラマティックなストーリーが好きですが、人生においては、このまま**右肩上がりに安定上昇**ができるように気を配っています。

だからこそ、時間を大切に使いたいと強く感じるようになりました。よく聞くセリフで、「時間をお金で買っても、お金で時間を売るようなことはするな」というのがありますが、私はそれを実践できていると自負しています。

将来の自分のためにならないのならば、たとえ月給100万円だって働きません。

この考え方は、月給15万円のOLのときから何も変わっていません。

私は、何か物事に取り組む前に、**「未来の自分」のためにこの時間は必要なのか？**と、よく考えるようにしています。

私は「開業」「独立」という、わかりやすい目標を掲げました。しかし、今までの私の人生の中で実現できなかった夢もいくつかあるのは事実です。ですから、私はもしOL時代に戻れたら、次のことを意識して夢の種を育てるようにするでしょう。


この仕事をすることによって、自分が成長できるかな？

この仕事を通じて、多くのことを学べるかな？

この仕事で、いろいろな人に出会い、その人達の話を聞くことで、**自分が良い刺激を受けることができるかな？**


この考え方は、仕事をされている方だけに当てはまるものではありません。前にも書きましたが、ハーベスト的な考え方は万能なのです。

家庭をもつ主婦の方にもあてはまります。これをすると、主人の喜ぶ顔を見られるかな？　これをしてあげると子供を通じて私も成長できるかな？　このように考えて取り組んだ事がマイナスになるはずはありませんし、過ごした時間は、間違いなくプラスです。

嫌々会社の仕事をしている、家庭に不満を持って過ごしているなんて、あまりにもったいないことです。私は、どんなことも考え方次第でプラスにできると思っています。

嫌な仕事、嫌な上司、嫌なダンナ……最終的には退職も離婚もアリだと思いますが、その前にちょっと努力をして、考え方を変えてほしいのです。

「あの辛さを乗り越えれば、きっとどんなことでも頑張れる。だから逃げないで、もう少し頑張ってみよう。とりあえず1年でも」

「私はこれでも恵まれている方ね。自分は甘いのかも。もう少し頑張ってみよう」

どんな考え方も個人の自由です。しかし、私はどんな時間も決してマイナスにしてほしくない、マイナスだと思わないでほしいと切に願っています。**いつもプラスの考え方をして生きていると、結果として夢の種を多くまく人間となります。**

そうなると、必然的にムダな時間がもったいなく感じるようになり、1日が何と短いのだろうと思い、1分1秒を大切に過ごすように自然となっていくのです。

物を「モッタイナイ」とリサイクルをする運動が流行っています。あるいはお金も「モッタイナイ」精神で、節約する人は多いですね。しかし、時間を「モッタイナイ」と節約する人は少ないのではないでしょうか？

考えてみると、私も物やお金に対しては人並みですが、時間の「モッタイナイ」精神にはすごいものがあります。しかし、「時間がもったいない」私の感覚は、他の人と少し基準が違います。

省けるところは省き、時々はだらけた時間も過ごして、逆にその後のプラスにしていき、「愛のある、心のある、時間の使い方」をしていると思います。

これだけ時間について執着していた私は、ほぼ予定通りの未来を手に入れ、次の夢が見られるようになっています。

3つの期間を押さえるのがポイント

私は、社会保険労務士として独立していますが、**事務所の事業計画はほとんど立てません**。経営戦略などを綿密に立て、期末に達成したかどうかを検討する企業も多いようですが、私はそういうことがとにかく苦手です。

この2年の間は、売上などの目標を立ててはみたものの、そのまま放置してしまっています（もう少し事務所が大きくなってきたら、そんなことは許されないのは自覚しています）。

ただ、事務所の**業績が年々、上向きになっている**のは事実です。私は当たり前のように毎日仕事をしていますので、何も特別なことはないと思っていました。

ある時期から「長沢先生はこの不景気に、爆発的ではないものの確実に業績を上げていてすごいですね。何か秘訣があるのですか？」というご意見を、たくさんいただくようになり、自分なりに考えてみました。

するると、計画的ではない私でも、**無意識のうちに「押さえるポイント」はきちんと押さえている**ことに気づきました。

確かに、行き当たりばったりでうまくいくほど、世の中は甘くありません。人生において綿密すぎる計画は不必要ですが、あらすじは決めておいた方が良いといえます。

ハーベスト的な考えで説明すると、植物や作物を計画的に育てようとしても、日照りや大雨など不確定要素はたくさんあります。もちろん最大の目標は「収穫」ですので、スケジュール通りに育成が進まないからといって、簡単にあきらめるわけにはいきません。それならば、日照りや大雨のときにどう対処するかを学んでおけば、何があってもあらすじのスケジュールを守ることはできます。

収穫するために必要なポイント、**つまり基本だけを押さえておけば**、「○月○日に○○をして、それから……」という**細かい計画は、あまり必要なくなる**でしょう。

そして、このポイントをどのように身につけるのかを決めることが、ハーベスト・スケジュールで最も大切なことだといえます。

夢を最大限に収穫するためのスケジュールは、**必ず自分の意思で決めなければなり**

ません。自分の面倒は、結局自分でみなければならないのです。人に頼らずに自分で夢をつかむことに意味があるのです。

それに人に言われて立てたスケジュールは、どうしても守れないものですし、実行していてもワクワクしてきませんよね。

押えなければならないポイントとは、ずばり**3つの期間**をおさえることです。

1．スタートする日
2．全力を出さなければ間に合わなくなる日
3．完了（納品）しなければならない日

いかがですか？　完了しなければならない日は、既に決まっているはずです。スタートの日はいつにすれば良いと思いますか？　来月になってからですか？　それとも来年？　いいえ、今です。今しかありません。**時期を見るのではなく、今を見るようにしましょう。**

人間ずっと全力で取り組むことは不可能です。テレビも観たいし、友人や家族と食事をしなければならないときもあるでしょう。ですから、スタートしてある程度期間が経過した後に自分の進み具合も考慮しながら、「○月○日になったら、完了まで全力を出そう」と決めてください。

え？　こんなのいつもやっていることですって？　そうかもしれませんね。しかし、ずっと追いこみが必要なスケジュールでは、いつか心が疲れてきて、何もかもが嫌になってきますので、自分がどのように取り組むのかをもう一度見つめ直し、徐々に「全力を出さなければ間に合わなくなる日」を決めなくても、完了できるようにしましょう。毎日、決められた時間や量を達成することで、スケジュールどおり完了するのが無理のない時間の使い方だと思いませんか？

これができるようになれば、お風呂の時間を半分にしたり、歓送迎会を一次会で帰ったりしなくても大丈夫です。

つまり、効率化や合理化という名の下に、ムダを省くのではなく、**自分の進めるスピードに応じてスケジュールを立てる**ことが大切なのです。

時間コントロール術で夢を必ず現実化させる

何かを目指すことは、他の時間を犠牲にすることだといえます。そして、それはある程度仕方ないことかもしれません。とにかく「一番手に入れたいものは何か」が大切で、それを中心に考えていかなければいけません。

私の場合、仕事を第一に考えていながら、育児もどうしても譲れない時間です。ただ、このふたつの内、お客様からは報酬をいただいているので、仕事は絶対に手を抜けません。すると、育児の時間が犠牲になってしまいます。

こうなると、少ない時間で密度の濃い時間を過ごすしかないのです。思いを実現したかったら、**自分の時間をコントロールすること**が必要です。つまり、「習慣化」を行うことでそれが実現します。

私が20歳の頃、「結婚もしたい！　子供もほしい！　仕事も続けたい！　大変なことがたくさんあっても頑張って、努力もして、そして全てのものを手に入れたい！　そして頑張った分、60歳になって過去を振り返っても、未来を考えても笑顔で過ごせるように、後悔のない人生を送りたい」と強く思っていました。

これが私の夢です。その夢は今も決してブレることはなく、取り組めています。60歳になって過去を振り返っても、未来のことを考えても笑顔で過ごせるために、私はたゆまぬ努力と考え方を身につけました。

すると、私は理屈抜きで「夢の実現」が体に染みついていったのです。どんなに大変でも、仕事を辞めるという選択肢は全くなく、「いかに両立するか」と考えるようになりました。

私は、今すぐ手に入れられる、ちっぽけな成功や名誉なんて興味ありません。ただ、**長く安定して続く「幸せ」や「成功」を手に入れたい**だけです。そして、欲張りな私は「全部手に入れたい」のです。

そうでなければ「社会保険労務士で成功する」という強い意思があった私は、結婚することはなかったでしょうし、子供なんてなおさらあきらめたと思います。

あきらめるなんてもったいないですよね。「全部手に入れたい」と思って良いと思いますし、手に入れることはできると信じています。

しかし、そのためには考えられないぐらいの努力、苦労はもちろんしますし、強い信念がなければ難しいでしょう。頑張った人と頑張らない人が、同じような人生のはずはないと思っています。頑張った人の努力は、絶対報われます。

若いうちは将来のことなんて気にせず、気の向くまま生きてしまうものですが、そのときそのときで、**やらなければいけない基本はきちんと学ぶべき**だと思います。これは「学生は勉強」「社会人は仕事」「主婦は家事」などです。すべきことをしていないのに、自分の人生が思うようにいかないとグチっている人が多いのではないでしょうか？

そして、単なる夢でも良いので、未来を考えてみてください。

「こんな職業につきたいな」

「この人みたいになりたいな」

「海外旅行にたくさん行って、優雅な生活を送りたいな」

「かわいい奥さんと子供と、平凡でも良いから幸せな家庭を築きたいな」

そんな中から、自分の未来予想図がいろいろと思い浮かんできます。そして、目標ができて、想いの実現のために自分の時間をコントロールしたり、工夫したりすることができるようになるのです。

自分の人生において「収穫祭」を何度も味わうためにも、**何を目指し、どのようなあらすじで進めていくのか**をきちんと決めましょう。そして、それを達成するために**どんな種をどんな順番でまくのか**まで、決めるようにしましょう。

自分の時間をコントロールするために必要なことは、自分の時間をタスクでまとめたり、時間割を作ったりすることではありません。**毎日、自分で決めた分だけ収穫のための活動をしているか、言い換えれば時間を確保しているか**が重要なのです。

そのために、もしテレビの新番組を観ないのであれば、それはあなたの決意の現れです。会社で同僚と会話のネタがひとつなくなっても構わないと思える意思は、紛れもなく「時間を確保する努力」です。

こうした自分の欲望をコントロールすることは辛いことかもしれません。しかし、ネットサーフィンを意味もなく数時間やっているのなら別のことをしていればよかった、と後悔するのは、次の日ではありません。1年後に、1年前の自分を嫌いにならないためにも、自分の時間をコントロールできるようにしましょう。

ハーベスト・スケジュールで安定成長を目指す

将来、年をとっても邪魔に扱われない人間、いえそれ以上に、年を重ねるごとに中身が厚く、深みのある、他人から必要とされる人間になるためには、どのように生きていけば良いのだろうか？　このように私は、若い頃からずっと考えていました。

私の性格上、短期的な成功や稼ぎではなく、**「長期間、安定して成長し続ける」こと**を目指すのだけは、はっきりしていました。そして、長い期間安定させるには、短期間で基盤は作れないことも分かったのです。

これは、私が今現在も取り組んでいる10年以上の計画です。

私のハーベスト・スケジュール【60歳になって笑顔で過ごすために】

1. 社会経験は必要だ。まずはOLを経験しよう
↓
2. ずっと働き続け、必要とされ続けるためにも、何か手に職をつけよう
↓
3. コツコツ誠実に頑張ることが、一番大切。目先のお金に決してこだわらない、安定して成長し続ける仕事のやり方、確実な方法で仕事をしていこう
↓
4. 仕事も大切だけど、女性としての幸せもしっかり手に入れたい
↓
5. 仕事である程度実績ができて安定させることができたら、今後は自分の持ち味を武器にさらに全力で取り組もう。「停滞は後退につながる」という言葉もある。たとえ成功することができても油断することなく、前に進み続けよう。また、社会貢献していける人間になろう

私が、20歳の頃に立てたハーベスト・スケジュールはいかがですか？ 非常に簡単でしょう。**日付も期限も何もありません**。しかし、最初はこれで良いと思います。

私は、予定通りOLを経験するため、信託銀行に入社しました。そこでは、今まで学生で社会のことを何も知らなかった私が「社会人たるものの厳しさ、考え方」を特に学ぶことができ、周りの向上心がいっぱいの先輩や同僚達との出会いをきっかけに、次のステップである手に職をつけるために動き出しました。

しかし、このころの私は、ハーベスト的な考え方が充分に備わっていなかったために、安易に信託銀行、総合職の人達に取得が義務づけられている「宅地建物取引主任者（宅建）」の勉強を始めてしまいました（ちなみに、私は一般職でした）。

資格は取得できましたが、あまり意義がなかったために、次の種を探し始めたのです。これは宅建が悪いのではなく、私が宅建を手に職として使う方法を、思いつかなかったのが原因です。

そこで、私は次のチャレンジとして「社会保険労務士」の資格を目指しました。最初はこの仕事がどんなものか、詳しいことを知っていたわけではありません。しかしそのうち、人に関する仕事であるこの資格にだんだん惹きつけられ、現在もこの仕事をしています。最初から自分の目指すものがピタッとわかれば良いのですが、多少の回り道はしてしまうものですね。

そして今は、先ほどのハーベスト・スケジュール5に取り組んでいる最中です。

大きくは「こんな人生、一生を送りたいな」というのもあるかもしれませんが、あまりに長すぎたり抽象的すぎたりすると、やる気がおきませんよね。ゴールがどこにあるのかもわからず走ることは、あまりに苦しいですよね。

ですから、私は10年後ぐらいの自分をざっくりイメージすることにしています。

最初に、自分の人生を意識し始めた20代前半に、考えたことはこんな感じです。

「10年間、一生涯の仕事を見つけて修行の期間とする。10年後をメドに、独立開業をする。結婚も子供もいて、忙しいながらも、充実した毎日を過ごしている。

今はバブル経済でも、こんな時代は長くは続かない。そのときに使い捨ての人間にならないように、勉強を続け、自分の中身を磨き続ける」

独立開業が、かなり早まってしまったり、自分の中身も磨きされていなかったりと、予定通りにいかないこともありましたが、大きくは思い描いた通りになったと思っています。そして、そろそろ次の10年後に向け、考えをまとめている最中です。

楽しいですよ。ワクワクしてきます。夢を思い描かなければ何も起こらない、自分の未来を思い描くことから、夢を掴むことがスタートするのですから。

こうなりたいな、ああなりたいなと好き勝手なことを考えています。時々、その夢の中に素敵な男性がでてきて惚れられてしまい……などと、なぜか恋愛小説のようになり、道が逸れたりしてしまうのを、一生懸命軌道修正しながら……（笑）

目指すものがはっきりすれば、時間の使い方は自然と上手になっていくものなのです。要領もよくなってきますし、すべきことの取捨選択も上手にできるようになるのです。

ハーベスト・スケジュールは、人それぞれのやり方があって良いと思いますが、日付を入れることでプレッシャーを感じてマイナスになってしまう人は、無理をせず取り組んでも良いと思います。もちろん日付を入れて、自分を追いこみたければそうすれば良いでしょう。

最低でも、**大まかなあらすじ**は作るようにしてください。自分の人生は自分の物です。**人生のストーリーを作ること**で、きっとワクワクすることでしょう。さあ、これから収穫する「夢」の種を愛情こめてまいていきましょう。

手探りでも前に進むために勉強しよう

前の項で、宅建を取得したのに、結果的にそれを活かさず社会保険労務士の勉強をスタートしたと書きました。これについてもう少し補足したいと思います。

私は45ページのステップ2の「ずっと働き続け、必要とされ続けるためにも、何か手に職をつけよう」というポイントを達成するため、「とにかく勉強しよう！」と考えました。

何かひとつでも「私はこれができる」「私の持ち味はこれだ」というものがないと、若いうちは通用するかもしれませんが、将来厳しいということを、周りの人の経験や意見で知っていたからです。

私は、そのとき「国家試験」がとても価値のあるものだと思っていました。しかし、具体的には何をしようかがすぐ決まりませんでした。

そこで勤め先が信託銀行だったので、男性社員のほとんどが宅建資格取得のために勉強をしていたこともあり、宅建からスタートしました。費用はかかりましたが、確実に合格するために学校に通い、結果として半年で合格しました。しかし、合格後に私は気づいたのです。「信託銀行を退職したら、宅建を使った仕事は限られてしまう」と。

次のステップとして、資格だけで比較的独立しやすい、つまり手に職といえる社会保険労務士に挑戦しました。そして、仕事内容を深く知るにしたがって合格後「この資格で生きていこう」と強く思うようになりました。またその後、社会保険労務士との兼業が多い行政書士を取得しています。

「将来、医者になりたい」「弁護士になりたい」「歌手になりたい」とはっきり決まっていて、その目標に向かって進める人は幸せだと思いますが、私のように「このままではダメ。だから何かしたい。しかし何かしたいかわからない……」と言う人がほとんどではないでしょうか？

それでも良いと思うのです。その**前向きな気持ちになることが一番大切**なのです。「どうしたいかわからない」と思い悩むばかりで何もしなければ、大切な時間がもったいないですよね。

とにかく**暗闇で何も見えないかもしれませんが、手探りで前に進んでみてください。**そうすると、少しずつ自分が進みたい何かが見えて来るものです。

たとえ、遠回りになってしまっても大丈夫。私が宅建を取得したことで「種の選別の仕方」を身につけたように、**失敗も全て自分の将来にプラスとなる**でしょう。

社会保険労務士という仕事は、本当に地味です。それなのに、頭が痛い難しい事案も多いし、日々勉強を続けていかないと、とてもじゃないけれどついていけません。毎日毎日、あっちこっちでトラブルの相談ばかりで心臓に悪いし、お客様の社長達はあまりに個性的すぎて……（自分も人のこと言えませんが）。

だけど、そんな仕事が私にピッタリで、何かとっても生きがいを感じるのです。いろいろ迷いながら進んでいく中で、みなさんも運命の仕事や生き方に出会えるのではないでしょうか？

20万円の投資が年収2000万円に！

「夢の種」が見つかり、学ぶことが決まったら、**自分への投資は惜しまないようにしましょう。**それは、必ず**あとで何倍にもなります。**

社会保険労務士を目指し、私は予備校で勉強をしはじめました。短大卒業後、銀行の初任給が確か15万円程度だったのを憶えています。国家資格の予備校の費用は一括払いで、約20万円でした。1ヶ月分の給与以上です。

清水の舞台から飛び降りる気持ちでしたが、「このお金は将来、何倍……いや何ケタか増えて戻って来るはずだ。自分に投資してみよう」と考えると、もったいないという気持ちがなくなり、すんなり出すことができました。さらに大金だからこそ、頑張れたのです。

資格を取得後、私はひとり暮らしを始め、「一人前の社会保険労務士になるぞ！」

と社会保険労務士事務所に勤め始めました。当時の給料はやはり15万円程度でしたので、ずいぶん無茶をしたものだと思います。ひとり暮らしまでしたのは、**一流の社会保険労務士になるため、一流の先生の元で学びたい**という思いからでした。

お金だけを考えるのであれば、わざわざひとり暮らしなどしなくても社会保険労務士の仕事はできました。親元から通えれば、どんなに生活も楽だったでしょう。しかし、私は「お金なんて頑張れば、後からいくらでも手に入る。最低限の生活さえできれば良い。お金の何倍も時間が大切で貴重だ。時間だけは戻すこともできないし、買うこともできない。だから、私は自分の未来のために、今という貴重な時間を1秒たりともムダにしたくない。一流の人のところで一流のことを学びたい。そして自分の好きな仕事をしていきたい」と強く思い、燃えていました。

仕事がたいしてできるわけでも、優秀でもない私の突然の行動に、友人、上司、先輩、同僚はあっけに取られ、親はショックを受けていました。みんな、すぐにあきらめて帰って来ると思っていたようです。しかし、私の唯一の取り柄は「粘り強い、あきらめない」ことです。ずいぶん食べられない時代も長かったですが、現在もまだ社会保険労務士という仕事を続けています。

若すぎて開業という気持ちはありませんでしたが、この仕事で一人前になるという思いは強く、毎日スーパーで半額のものを買う貧乏生活も苦ではなかったし、トイレ掃除ひとつでさえ勉強だと感じたものです。

そして現在、私は**年収2000万円近くになっています**。もちろん、新しいスタッフの増員による大幅な経費増加や、顧問先の倒産、吸収合併などによる委託解除で収入が減ることもあります。しかし、私は全く焦ることはありません。なぜなら、スタッフの増員は先を見据えた人件費ですし、お客様の事情による委託解除については、ある程度は避けられないことで、その他のトラブルについても、どう対応するかというノウハウは既に私にとって「基本中の基本」だからです。

「夢の種」は、別に「資格」なんて大それたものでなくても良いと思うのです。どのようなものでも、**一歩上を目指してやる**だけで、全く違う未来と夢があるような気がします。そう考えたほうが楽しいし、張り合いもありますよね。

友人で「料理」を習っていた人は多いのですが、「どうせやるなら時間とお金をかけてしっかり学びたい。将来少しでも役に立てば」と少しだけ高い意識を持ってやっていた人は、その後、料理教室で講師をしたり、自宅のキッチンで近所の主婦向けに教えたりしています。他にも絵が大好きな友人、書道が好きな友人、お花やお茶、着物が好きな友人なども、真剣にその道を切磋琢磨して、いろいろな方面で仕事に結びつけています。

全てにおいていえることですが、早く何かを身につけたい場合は、ぜひ**一流の方から習う**ようにしたいですね。我流ではある程度のところまでしか伸びませんし、修正するのも難しくなってしまいます。

そして、**自分への投資は惜しまず「後で何倍にもなるんだ！」**と気合を入れて学ぶようにしましょう。

ちなみに、短大時代、一生懸命アルバイトをして集めたたくさんのブランドバッグは、私の使い方が雑なのか汚くなってカビまで生えてしまいました。また、飽きもきてしまい、同じブランドでも違う柄の方が良くなり、今は使う気がしません。

バックや洋服のためだけにアルバイトをしてきた学生時代ですが、こんなムダな投資（お金の使い方）はしてはいけないと反省しています。

最初が肝心！　スタートダッシュあるのみ

あなたがハーベスト・スケジュールを立てたときは、**すぐにスタートする**ようにしましょう。

計画を立てなければ、いつスタートしても良いという「甘え」になります。スケジュールを立てさえすれば、スタートもゴールも明確になります。

そして、自分で決めたのですから、**スケジュールを前倒しでクリアできるようにスタートダッシュをしましょう。**スタートダッシュのときは、「自分の時間をゆっくり有意義に過ごそう」なんて考えないことです。

もしかすると、この私の生き方や時間の使い方をナンセンスという人がいるかもしれません。しかし、**どんな成功者でも、最初はみんな自分の時間を夢に費やした**はずです。私の数倍努力している人も多いかもしれません。成功した人ほど、休みなく勉強して働き続けた時代があります。

起業したての人はそれを理解できず、上辺だけをセミナーや書籍から学んでマネしようとして、きれいごとばかりの話に耳を傾けてしまうから、ビジネスが失敗してしまうのです。

今、時間を有意義に使うことの大切さが叫ばれています。受ける側の問題ではありますが、場合によっては悪影響を及ぼしてしまいます。

例えば、ゆったりと時間を過ごす「富裕層」が注目されていますね。その表面的な優雅さしか見ることができないと、その奥に隠された深いメッセージに気がつきません。また、「自分の時間をなくして、家族を犠牲にして働くなんてナンセンス」「忙しいは心を亡くすって書くんだよ。もっと、仕事をセーブして無理しないでゆっくり過ごしなよ」……という内容の本はあふれています。

成功者の話すあこがれのすばらしい世界は、ウソでは決してありません。本当の話です。しかし、話の表面だけ取って、真に受けてはいけません。成功し、安定した後の究極の理想の世界なのです。

実際は、成功者の多くは起業当時休みもなく朝から夜まで血の出る思いで働いています。そして、必死に支える家族がいます。とにかく勉強（学校の勉強以外に、仕事を覚えるための勉強も含む）に多くの時間を割いています。「私は、最初から時間もお金もありました。仕事もガツガツせずにやってきました」などという人の話は聞いたことがありません。

私もよくセミナーで、このようにお伝えしています。

「年収300万円稼げればいいや、という気持ちなら、30万円も稼げないでしょう。年収1000万円稼ぎたいという目標で必死に頑張って、100万円ぐらいになるかというぐらい、ビジネスは厳しい世界です。それを理解して起業してほしいと思います。甘い気持ちでやって失敗して欲しくないし、こんなはずはなかったと後悔して欲しくないのです。その決意が本物なのか、そして本当に頑張り続けられるのか、自分自身にもう一度問いかけてみてください。そしてやると決めたからには、コツコツ自分の信じた道をやり続けてください」

私も今まで必死に仕事をしてきました。走り続けてきました。その中で、無意識のうちに自分の時間の作り方を身につけてきたようです。そして、開業後15年が過ぎて事務所も安定し、軌道に乗ってきました。

これからは仕事の量はそのままかそれ以上にしても、今まで以上に自分の時間の使い方を見直し、自分のため、家族のために時間を作ってあげなければと思います。時間の大切さが身に染みてわかるようになりましたし、一度きりの人生ですから、もっと心豊かにゆったりとした時間で生きたいのです。

しかし、同じことをスタートダッシュ中の人が考えるのはやはり甘いと思います。それでは絶対成功しません。スタートダッシュから余裕を持っている人は、ごく少数の例外です。

私のように10年以上とは言いません。**数年で良いですから、仕事（夢の実現）最優先の時間の使い方**をして、必死に努力をし続け、早く軌道に乗って時間とお金に余裕のある生活ができるようにシフトしていって欲しいと願っています。

この章の最後に、スタートダッシュのアドバイスをしたいと思います。それは、**「スタートダッシュを習慣化させる」**ことです。これが実現できれば、収穫も前倒しでできるようになるでしょう。

スタートダッシュとは、なりふり構わずに取り組む姿勢です。最初だけ頑張ってもダメです。そのときの気持ち、姿勢をしっかり心に焼きつけておくのです。誰でも初心を忘れてしまいます。

ときには思い通りにいかなくても、さぼってしまうことがあっても、それは構いません。しかし、ところどころでスタートのときを振り返って、もう一度自分の気持ちを奮い立たせてほしいのです。

「自分を信じ、他の誘惑に心を奪われずに突き進む」

どうです？　カッコ良いでしょう？　自分の夢に妥協しない人って、皆とても素敵で人間的な魅力にあふれているものです。

2章
種まきをあせらずに

We can get stable life by The Harvest Time Management

インターネットは情報収集よりも時間管理が重要

夢に向かって「種まき」をしたなら、大切なことは情報収集ではなく、**収穫するための「時間確保」や「環境」を作ること**です。

「時間確保」で気をつけなければいけないことのひとつに、情報収集の名の下にインターネットをダラダラ観続けてしまうことがあります。

インターネットで調べられないものはないのだから、ドンドン活用しようという風潮がメディアにあります。

しかし、インターネットを利用している大部分の人は、気がつくとびっくりするような時間が経っていて、たいして中身になることはしていなかった経験をしていると思います。**インターネットは慢性的に時間を蝕む害虫**なのかもしれませんね。

夜中までパソコンで仕事をしていて、「もう遅いからそろそろ寝よう。最後にちょっとホームページを観て……」とインターネットブラウザを立ち上げようものなら、あっという間に、1時間、2時間……と意識なく、無意味にホームページを観てしまうことがありませんか？　後から振り返ると、「この1時間、何していたんだろう」と落ちこみ、次の日は寝不足な始末です。昔は私もこんな失敗をよくしていました。「情報収集」という大義名分を掲げて、ダラダラとネットサーフィンをして、後で自己嫌悪に陥ってしまう方、ブログやSNSを過剰にチェックしてしまう方、その行動は収穫を前提にした行動ですか？

「自分の目的は何なのか？」「優先順位はどうなのか？」「単なるお遊びや自己満足になってしまっていないか？」と、常に自分自身に問いかけていきましょう。何が目的だかわからず、ただ大切な時間だけ消費してしまわないように気をつけましょう。

インターネットは、とにかく強い意志で使わなければならず、使い方次第で、最高のものになったり、最悪なものになったりします。

ハーベスト的な考え方に基づけば、「〇〇について調べよう！」とする以外のインターネットは意味がありません。一昔前はテレビで同じようなことを言われていましたね。

ムダな時間を削減し、夢に使うという意識を持つようにしましょう。

パソコンを使いこなせるかという話と、インターネットを使いこなせるかという話は全く意味が異なります。

つまり、パソコンは操作がきちんとできるかという点を求められますが、**インターネットはむしろ時間管理が重要**になるのです。

夢を育てる「場所」を見つけよう

仕事や勉強をする場合、大抵はオフィスや自宅でされることと思います。しかし、オフィスは、インターネットがあり、メールも来ます。電話が次から次にかかってくるかもしれません。

あるいは、自宅ならテレビや雑誌などがあるため、心境によっては誘惑のある場所になりかねません。「勉強しなければならないけど、ドラマが観たい……」と思っていては、効率良く種を育てられませんね。

集中したいときは、パソコンと必要最低限の筆記具と、調べ物に必要な本だけ持って外に出てしまうのが有効です。

人間はそんなに意思は強くないと思います。誘惑に弱いものです。だからこそ、誘惑されない場所に避難するのが良いと私は考えています。

私が愛用しているのは、**ランチの時間を避けた「ファミレス」**です。イスも座り心地が良いですし、机も広いのが利点ですね。しかし、最近は勉強やパソコンの使用を禁止するところもあるので注意が必要です。

他には、USBメモリなどを持って**「インターネットカフェ」や「漫画喫茶」**に行き、パソコンで仕事をするのも静かで良いかもしれません。ただ、漫画が好きな方は「息抜きに漫画でも……」などと、かえって息抜きの時間が長くならないようにしなければなりません。

また、最近では**「自習室」というレンタルスペース**を活用される方も増えてきたようです。これは、月額1～3万円程度で、図書室の勉強スペースのような机を借りることができます。重い参考書などはそのまま置いておけるので、費用がかけられるなら自習室はオススメの避難場所だといえます。

また、私が最近マイブームなのが、**「ホテル」のデイユースプラン**です。私が愛用しているホテルは9時から6時と長時間使用でき、ホテル内のレストランで好きなランチ（2000円程度）もついているプランで1万円弱です。

ちょっと贅沢だなと思いますが、考えたり書いたりするような仕事がたまっていて行き詰っているときに、自分へのご褒美という意味もこめて利用しています。辛い仕事も、楽しみなものに変わります。文章もおしゃれで少し重みのある文章が書ける気もします。気分の問題かもしれませんが、人間は気分が良いときに良い仕事ができるものですよね。

さて、余談ですが、外での活動のためにノートパソコンを購入するという方は、性能ではなく、**軽量と電池のスタミナ**で選ぶのをオススメします。

特に女性なら、重量は大きい要素です。私は車で外出することがほとんどなので、そんなに軽くなくて良いかな？　と思いましたが、快適に使えるためにどこでも持ち歩き、空いた時間に活躍しています。ランチでパスタを食べた後に良い文章をかけた、なんてこともありますよ。

もちろん、「ファミレスでなければ勉強できない」というのは考え物ですので、テレビドラマなどに誘惑を感じた場合に利用する程度にして、上手に活用してくださいね。

誘惑という「雑草」を元から断つ

何事も意思が強い人は良いのですが、人間はもともと意思が弱くて誘惑されてしまうものです。しかし、これは全く恥ずべきことではありません。やる気があっても、好奇心が強い人はいろいろ目移りしてしまいがちです。私自身、誘惑とは日々戦っています。

オリンピック選手の意思の固さを見ているとうらやましく感じますが、なかなかそうはいきません。私達の周りにある全てのものが「誘惑」なのです。

結局、戦っても、辛いし疲れてしまうだけです。**誘惑という「雑草」を元から断ってしまいましょう。**

今まで、自分のライフワークだったものを「雑草」だと言われると、反論が出るでしょう。しかし、夢を収穫したい人が、漫画やゲームやドラマを存分に楽しんでいて結果が出るとは思えませんよね。こういうことは、親でもなかなか言ってもらえないことかもしれません。ハーベスト的な考え方を身につけるためにも実践してくださいね。きっと、「あぁ、1日ってこんなに長かったんだ」と思われることでしょう。

どうしても資格を取りたいけど机の上のマンガを読んでしまう、というのであれば、マンガを捨てるなり、簡単に手元にとれない場所に預けるなりするべきですね。ダイエットするなら、お菓子は目の届くところに置かない、さらには買わないようにするのが一番です。私はテトリスというゲームが大好きで、ちょっと手が空くと携帯電話でピコピコしてしまいます。本を読むはずの電車の中、家族と団欒《だんらん》のはずの居間の中……。ちょっとマズイと思いました。テトリス中毒のようでした。

あるとき、思い切って携帯電話にダウンロードしてあったテトリスを削除しました。わざわざ、またダウンロードしてテトリスをするのも面倒ですし、ぱっとできないのでそのときに考え直す時間もでき、テトリスを卒業できる良い機会でした。

また、**インターネットの「お気に入り登録」も大変危険な存在**です。インターネットブラウザには「お気に入り」に登録できる機能がついています。とても便利で、次から次にお気に入りに追加していました。

そのページを観たいときは、そこからクリックすれば良いのでとてもラクですが、その弊害に気がつきました。ブログもしくは比較的頻繁に更新されるホームページを意味なく無意識にクリックして観ている自分がいるのです。そうしていろいろ観ているうちに、大切な時間が何分も過ぎてしまうのです。「お気に入り」に入れるものは、厳選しなくてはいけません。

また、**「お気に入り」も机の中のように、整理をしましょう**。そうしないと、全く使わないものが残っていたり、多すぎて大切なものがすぐに出てこなかったりします。悪い意味ではなく、つまらないもの（私でいうなら、役所関係などや仕事の調べもののページ）は、何かなければ頭が痛くて観たくもありませんから、「お気に入り」にたくさん登録があっても害はありません。

他にも、テレビをついダラダラ観てしまうという方も多いかと思いますが、ドラマでしたら、初回を観ないだけで随分と誘惑から開放されます。ドラマのワンクールで3ヶ月間は続いてしまい、かなりの時間が取られてしまいます。初回を観てしまうと、何となくその後のストーリーも気になって、次の回も次の回もと観続けてしまいます。

だからこそ、初回を観なければ、２回目以降の興味は随分なくなってしまうものです。

ハーベスト経験者に学ぶ

一度、身の周りを振り返ってみて、**ハーベストな行動をしている人を探してみましょう。**「ハーベスト経験者」の特徴は地味かもしれませんが、**無理せず安定的に伸びている人**です。そして何よりも**地盤が固い、ゆるぎない成功をしているの**です。

自分自身がしっかり地に着いた生き方や考え方をしていれば、上辺だけの成功者を見習うこともありませんので、間違った方向に進まずに済みますね。

日常に追われることなくスケジュールを進め、着々と夢を育てている人が近くにいるなら、そのやり方を真似するのが近道です。

例えば、社会保険労務士になりたいのなら、経験者に聞いてみて自分のイメージとギャップがあるのか確認することも大切です。

世間的に有名な人を成功者と思うかもしれませんが、**名も知れない人でも成功して**

いる人はたくさんいるのです。

ちょっと見方を変えてみると、今まで地味にしか見えなかったその人が、実はすごい実績をあげていたり、稼いでいたり、人柄的にもすばらしく尊敬できる人だというケースは決して少なくありません。ご両親が該当するケースも多々あります。

私は、10年以上にわたり経営者の方を相手に仕事をしています。ほとんどは名もない中小零細企業の社長です。しかし、そんな中にすごい人がたくさんいることに気がつきました。10年、20年とこの厳しい時代、会社を継続して運営し、従業員をまとめあげているのですから。

お客様のところに行くと、私は社長を質問攻めにして、いろいろ聞き回っています。どっちが先生でどっちがお客様だかわからない状態になります。このときは、社長と心が通じ合える最高の時間なのです。とても楽しく感動的で、涙アリ、笑いアリの歴史のある深い話です。

そんな話の中で、ひとつやふたつ必ず「私もこうしてみよう」と気づかされることがありますし、何と言っても私の心が熱くなる、それが何よりも最高なのです。

この時間は私にとって「ハーベスト経験者へのヒアリング時間」で、とても勉強になります。「こんな身近に、こんなすごい人生の先輩、経営者の先輩がいたんだ」と気がついたのは、この1、2年でしょうか。

私が駆け出しの頃、有名な社会保険労務士事務所に勤務しました。これは当時の先生が業界のリアルな部分を包み隠さず教えてくれたからでした。このとき、社会保険労務士としてどう生きれば良いのかも伝授されました。

このように、**ハーベスト経験者の中から「師匠」を探すのも夢収穫の近道**です。

周りの人をライバル視して伸びて行く人もいますが、長期的にみれば組織のチームワークや、情報の共有による向上の方が圧倒的に大きいものです。

上手くいっている人がいれば素直に「ちょっと聞きたいことがあるのですが教えてください」と声をかけてみましょう。

そんなあなたの気持ちを、相手も快く受け止めてくれるはずです。

人のための時間は何倍にも育って戻ってくる

私は、仕事のことでも、個人的なことでも、誰から何を聞かれても全て教えてあげるようにしています。しかし、それは自分のためなのです。

なぜなら、私の今までの経験で、**相手によくしてあげたことは、絶対にどこからか返ってくる**とわかっているからです。返ってくるのが、その人からではないかもしれません。全く想像もつかないところから、忘れた頃に返ってくる場合もありますので、ギブアンドテイク思考にならないようにしています。もしも、自分のために確保した時間を人のために使うことに抵抗があるのなら、その気持ちはすぐに捨て去ってしまいましょう。

報酬抜きでも仕事を人に教えてあげる、また相談に乗ってあげる行為は、決してムダだと思いませんし、大切な時間だと思っています。自分が成長できるし、それはいつか自分に返ってくる時間だからです。

ただ、自分が逆の立場のときは気をつけています。相談に乗ってもらったりすることもありますが、相手の知識やそれ以上に相手の時間は、タダではないのだということをいつも気に留め、甘えのないようにしています（きちんとお礼をいうことはもちろんのこと、短時間で済むようにしたり、報酬をお支払いしたりしています）。

しかし、この時間が大切だと思う一番の理由は、自分の「満足感」なのだと思います。さらに**「教えてあげる人＝これからの人」ですから、受ける刺激は大きい**のです。「私もがんばろう！」「私も昔はこんな気持ちだったな」という気持ちにさせてもらえる、それだけで充分です。お客様に対するサービスも同様のことが言えますね。「少ししかお金は取れないけど、ちょっとやってあげすぎかな……」くらいの仕事をしてあげて良いと思います。決して損なんてしていません。

将来、10倍のお金になって必ず帰ってきます。時間はかかるかもしれませんが、その人からではないかもしれませんが、必ず帰ってきます。

実は、仕事で10年後に伸びる人と、短期間でぱっと成功しても長く続かない人の差はそこなのです。みなさんはどちらを選びますか？

せっかく人のために時間を使うのですから、隠し事は禁物です。全てを教えてあげましょう。あなたのノウハウの中で、他の人が何かひとつでもふたつでも使えるところ、学ぶべきところはあるはずです。

また、教えてあげたり、面倒をみてあげたりすることによって、**知識の整理となりとてもメリット**があります。これを心がけていれば人もついてきますし、もしかすると自分の夢を収穫する協力者、賛同者になってくれるかもしれませんね。

農業でも収穫祭がありますが、ひとりより大勢でお祝いした方が楽しいですし、「次もがんばろう！」と仲間の結束も強くなります。ひとりでは地味でも、みんなで取り組めば、成長も収穫も早くなるのは言うまでもありませんよね。

やはりひとりでは何もできません。人と助け合うことによって自分が何倍も大きくなれます。だからこそ、私は自分にとって一番大切な「時間」というものを人のために使うのです。

お金で時間を買うというひとつの選択

日常生活でやらなければならないことの中に、苦手なことやストレスとなることがありませんか？　それなら、思い切って頼んでしまうのもひとつの手です。**お金で時間を買うことも、場合によってはありだと思います。**そこで確保した時間を有意義なものに使っていきましょう。

私は、掃除があまり好きではありません。掃除は、食事などと違い緊急性がありません。ですから、ついつい後回しになってしまい、部屋が汚いままということが多々ありました。その結果、家族全員がイライラし、部屋はさらに雪だるま式に汚くなっていきました。

家事代行サービスは知っていましたが、

「掃除という最低限なことまで自分でやらずに頼んでしまったら、主婦として女性として失格ではないか？」

「他人を私の目の届かないところで家に上がらせるのは心配」

「お金もかかり、贅沢ではないか？　自分がさっと片づければ良いだけのことではないか？　親に頼んでしまえば良いのではないか？」

と悩んでいて、ずいぶん長い間躊躇していました。

ある日、あまりにどうしようもない状態になり、「誰でもいいから助けて！」という状況になりました。そこで、ずっと気になって取ってあった家事代行サービスのチラシを取り出して頼んでみました。

実際利用してみると、全て勝手な思いこみだとわかったのです。もう、我が家にほこりがたまっていることも、トイレが汚くなっていたり、ものが散らかったりしていることはなくなりました。週一度金曜日に来てもらっていますが、気持ちの良い週末を送ることができ、１週間程度なら清潔さを保てます。

このサービスは、共稼ぎの若い人もたくさん利用しているようです。一緒に清掃をして、やり方を覚えている人などもいるそうですよ。

金額も、ダスキンの場合、週１回なら（２週間に１回でも大丈夫ですし、もっと多く来てもらうこともできます）、2時間で5250円～6300円です（都内は、8400円）。

なので、私の住む埼玉で1ヶ月4回なら月約25000円（都内は約34000円）と結構リーズナブルで若い人でも共稼ぎなどでしたら払えない金額ではありません。（※参考：ダスキン家事おてつだいサービス

http://www.duskin.jp/house/service/merrymaids/household.html）

その他私が利用している、あえてお金をかけることで、時間節約をしている方法をご紹介します。

◆**裁縫**

子供も小さいとバック、巾着袋、上履き入れなどお裁縫をしなければいけない機会が増えます。ほとんどお裁縫をしたことのない私は、やればできるのかもしれませんが、普通の人の数倍の時間がかかってしまいます。

そのため、母やお店に頼んでしまいます。裁縫が得意な母は、孫が喜んで使っているのを見るのもうれしいようです。

布屋さんでも頼めるところもあります。また主婦仲間に、商売としてお願いするのも逆に喜ばれるかもしれませんね。不得意なものを思い切って頼んでしまうのは、時間も節約しますし、気持ちの面もプラスです。

余裕があれば、親の愛情ということでやるのもすばらしいと思いますが、ストレスまで感じてやるのは逆効果だと思います。いっしょに布を選んだり、デザインを考えたりすることだけでも、親の愛情は伝えられるのではないでしょうか？

◆形状記憶シャツ、数枚セットのシャツ

アイロンも大変ですし、クリーニングに出すのも手間です。宅配に来てくれるクリーニング屋もありますが、毎日使用するシャツを出すには、少し高価に感じてしまいます。主人のシャツは結婚をして形状記憶シャツになりました。今の形状記憶シャツはだいぶ改良されてきて、洗濯後すぐに干しておけば、ピッとしています。

最近、主人が綿の少し高級な良いシャツを買おうかなと言ったので、「買うなら５枚以上は買って来てね」と頼みました。５枚とは月曜日から金曜日の日数分という意

味です。そうすれば週末1回のアイロンで済みます。アイロンはかける以上に、出したりしまったりが大変ですよね。形状記憶シャツと綿シャツを、状況に応じて上手く使い分けています。

◆外食

外食はお金がかかりますし、「家で残り物を集めて簡単に作ってしまった方がラクだな」と思うこともありますが、週末には毎週外食に出かけています。

なぜなら、時々は家事や料理から解放されたいのと（家事をしないお休みの日があることにより、息詰まらないで済み他の日も楽しくできます）、また外食に行くことは、簡単なレジャーに行ったことと同じになり、子供も喜ぶので一石二鳥です。

外食で、簡単そうでおいしく珍しいメニューがあったら、材料を軽くメモしておき、家で思い出しながら作ってみることもあります。少し味が違うまた別物ができてしまったりしますが、私のレパートリーがまた増えますし、結構楽しめますよ。一石何鳥にもなりますね。

◆食器洗浄機

食器を洗うことは、たいしたことではないと思います。そんなに時間はかかりませんし、食器洗浄機に食器を入れるのと、手で洗うのもほとんど変わらないかもしれません。しかし「気持ち」の問題なんですよね。食べ終わって「洗うのはイヤだな」という気持ちから開放されたのが一番です。

私の母は「食器洗浄機に場所を考えて入れる方がよっぽどストレスよ」と、自宅に設置されていた食器洗浄機を、2、3度使っただけです。人それぞれ感じ方が違いますので、自分に合う工夫を上手にした方が良いですね。


私も、頑張ろうと無理をして必死にやっていた時期もありました。

しかし、私がもっと軽くできる仕事をしているのであれば、家事ももう少ししっかりできたと思いますが、神経をすり減らして仕事をしながら家事が充分にできるはずもありません。

私の仕事は、労使関係の仕事＝「人」に関する仕事が中心ですので、ご依頼いただいている会社や経営者の方は、私の何倍も必死な思いで仕事を依頼しています。そのため、私も同じような気持ちでいなければ仕事になりません。両立しようと思えば思うほどイライラしていました。家族もそれが一番嫌だったみたいです。「そんな風だったら、家事なんかやらなくて良いし、仕事も辞めてほしい」と言われて、このような方法で時間を確保するようになりました。そして、時々「これは自分でやっていないんでしょ」「おかずの品数が少ないよ」などと少し嫌味を言われることがあっても、**家族の会話と笑顔が明らかに増えた**のが実感できます。

家事に取られる時間を上手に節約することを覚え、また人に任せるところは任せるという気持ちの切り替えができてからは、仕事も家庭も充実してきました。

しかし、そのようにできるまでずいぶん悩み、時間もかかりました。特に女性にとって、できそうでできないことなのかもしれませんね。

思わぬところで時間は短縮できる

さて、今まで書いた内容を読んで「時間がない！」が口癖だった方も、意外と時間が確保できると感じられたのではないでしょうか？

しかし、**もっと工夫すれば、さらに夢の種を育てる時間が確保できます。**

小さなことでも工夫して、時間を大切にするということは、お金を大切にしているということにつながりますよね。

私はいつも、何かもっと時間を節約できることはないかと考えています。例えば、私は仕事でたくさんの郵便物を出します。早く届けるためには、ポストの回収時間に間に合わないため、郵便局に直接持ちこまなければなりません。今までは、職員に車で本局に持ちこんでもらっていました。本局が近くにあるといっても、往復で20～30分はかかってしまいます。一番忙しい夕方に、この時間がとてもムダに感じました。

それで頭をひねって考えついたのは「エクスパック、ゆうパック引取りサービス」です。これを使えば、普通便や配達記録等もいっしょに持って行ってくれます。そのため、エクスパックを無理してでもひとつは作るようにして取りに来てもらいます。また、宅急便が取りに来てくれるサービスも、持ちこみより100円程度高いのですがとてもラクです。コンビニに持って行くにしてもあっという間に往復20分ぐらいかかってしまいます。しかも、午後の早い時間に持ちこまないとその日の便に乗りませんが、取りに来てもらうと夕方でもその日の便に乗ります。だから、100円なんて軽く元を取れてしまいます。

少し前までは、100円でも高ければコンビニに宅配便を持って行きました。あまりに時間がなくなってはじめてこのようなことを実践してみたからこそ、**小さなお金で大切な時間を損していたことに気がついた**のです。

「郵便物なんてそんなに頻繁に出さないよ」とお考えになるかもしれませんね。それなら、もう少し視野を広げてみましょう。

お仕事をされている方の中に、体調管理のためにスポーツジムに通っていらっしゃる方が増えているようですが、だらだらとひとりでルームランナーを走っていても、いまいち自分の状況がつかめず、効果的な時間が過ごせませんよね。

私も同様に、普通のコースでは時間とお金のムダになるな、と思いました。そのため、値段が多少高くなってもトレーナーが指導してくれるコースにしたところ、時間を予約するので、無理をしても行くようになりました。

ついでに「2ヶ月集中ダイエット」という、2ヶ月という時間を区切られ、しっかり目標（体重、体脂肪率、サイズ他）を決めなくてはならないコースにしました。これなら目標もあって、毎回の体重測定もあり、それを2ヶ月という短期間に目標を達成していこうということですから、負けず嫌いの私にはうってつけです。ちなみに初回は7キロ痩せました。このチャンスに写真館で撮影したのはいうまでもありません。

今まで、何気なくしていることが、少しのお金で時間短縮でき、しかもより効果的な方法になることもあります。私の例でご説明しましたが、あなたももう一度見直してみませんか？　思わぬところで時間をかけ、効率が上がっていないこともあるかもしれませんよ。

時間もコストもムダにしていませんか?

セール品を買いに遠くまで行き、余計なものまで買ってしまい逆に高くつくのは笑い話ではなく、よくあることです。時間の価値を考えると、価格的にはそんなに安くはないコンビニも、上手く使えば結局安上がりといえるでしょう。

近場で同じものを売っていても、安いからというだけで遠くに出かけたり、少しでも安く買うためにネットなどで時間をかけて調べたり……。結局、必要のないものまで買いこんでしまうことはありませんか?

小さな節約も大切である反面、今の自分にとって何が大切かは見定めなければなりません。小さなこと（セール品に飛びつくようなこと）に時間を使ったり、頭を使ったりしているヒマがあれば、もっと気を回さなければいけないことはたくさんあるはずです。

もちろん、あなたに時間が豊富にあり、コツコツ小さな節約をして貯蓄に回し、それを元に夢を叶えるつもりなら、もちろん小さな節約も大事でしょう。みなさん、それぞれ環境が違いますし、かけられる時間も違いますので、自分にあったレベルの割り切り方をするべきだと思います。

例えば、日用品の買い物で、あるものが100円安く売っている場合、昔の私ならそっちのスーパーまで買いに行きました。しかし今は「時間＝時給」「ガソリン代」ということを頭に入れて考えます。

そうすると100円安くても、遠いところに時間をかけて行ったら100円なんてすぐに飛んでいってしまうことに気がつきます。ついでにいらないお菓子など不必要なものまで買いこんでしまうんですよね。

もし、「ドライブがてら家族で気分転換に買い物」「ちょうど他のものも買うついでがあって」「遠いけど自転車で行くので体が鍛えられて良い」など、他の目的があればそれはそれでとても良いと思いますが、ただ安いものを求めているなら、**時間感覚も加えて見直す**ようにしましょう。

そう考えると、カタログで注文すると次の日に来る文房具などは、価格自体は安くはありませんがとても便利ですし、考え方次第ではお得なのかもしれませんね。

トランクルームまである時代ですので、**収納はお金がかかっている**と考えるべきでしょう。荷物が家や仕事場に溢れてイライラすることもムダなことです。

また、これも私の悪いクセだったのですが、1万円程度の電気製品を買うのも、さんざん調べまくって、最安値で買いたいと思っていました。しかし後から振り返ると、「いったい何時間調べていただろう」「たった1500円しか安くなっていない」……ということがありました。これでは時間を大切にしていませんよね。

「機能の良いものがほしい」という意味では、ある程度軽く調べることも大切ですが、値段の細かいことは気にするのはやめました。また「機能」という意味では、ネットのレビューは便利です。値段も、レビューといっしょに簡単にリサーチできます。

とにかく、そういうことにあまり時間をかけるのはもったいないことがわかり、安いものはとっとと買ってみて試してみることにしました。

数円～数百円安い買い物ができたことで得られることは、何だと思いますか？

これは、**決して経済効果ではありません。これは、おトク感を味わいたい自己の満足**だけです。

新聞のチラシを広げてにらめっこする時間があるなら、1章で作った夢の収穫計画を見直した方が何倍も意味があると思います。

3章
育ちはじめた芽に愛を注ぐ

We can get stable life by The Harvest Time Management

今日の1分が収穫を左右する

夢の種をまいたからには収穫しなければ、もったいないことです。

夢の種を育て、芽を出させるために、私が最も大切だと思うことは、自分の**夢の実現を楽しみに感じ、将来の自分を愛する感覚**を持ち日々過ごすことだと考えています。

天才的なひらめきが無くても「コツコツと継続した人が勝つ」のは、私自身で証明済みです。**ときには自分に厳しく、またあるときは自分を褒めて**あげ、まいた種を大切に育てるようにしましょう。

「今日も1日何もしないで終わってしまった。ムダな時間を過ごしてしまったな」という経験は誰にでもあると思います。私も、今までにいろいろな失敗を繰り返してきました。もしかすると、あなたが後悔したことよりも、ずっと低レベルの話なのかもしれません。

「テレビをダラダラ観続けてしまったけど、たいしておもしろくもなかった」
「ショッピングといいながら、意味もなくデパートを歩き回っただけだった」
「ボーッといろいろネットを観ていたけど、こんなに時間が過ぎてしまった」
このような経験をすると、少しの時間だけ自分のことが嫌いになってしまいますよね。

だから私は常に、**「今から、○○をするつもりだけど、あとで後悔しないよね。嫌な気持ちにならないよね」**と、自分に問いかけてから実行するようにしています。

仕事をしたから、全て後悔しないわけでもなく、ここで休んでおけばよかったなとか、子供にかわいそうなことをしたなど、後悔の種類は様々です。このような自己嫌悪や後悔は、夢の種の発育を遅らせてしまいますので、後々振り返って、満足できるようにしましょう。

どうしても観たいテレビ番組がある場合、「観たい」という気持ちが本心なのか衝動的なものなのかはわかりません。そのため、私は録画をするようにしています。これなら、時間が経って興味が薄れた番組は観なくて済みますよね。また、録画のときにＣＭカットをしたり、もしくは観るときにＣＭ部分を早送りで飛ばしてしまったりすれば、かなりの時間を短縮することができます。

また仕事ならば、客先へ行く際にも時間をムダにしない方法はあります。

「都内のお客様のところに行くときは、できる限り近くのお客様も訪問できないか？」

「公共職業安定所に手続きに行くけれど、他の手続きもないか？　数日中にやらなければいけない手続きが来る予定はないか？　用紙は足りているか？」

「○会社と△会社に行くが、そこに近い会社、もしくは通り道の会社はないか？」

上手に予定が組めれば、数時間、場合によっては半日以上の有意義な時間が取れますし、効率の悪い約束や計画では、何時間も何日もムダな時間ができてしまいますね。

なぜ、私がここまで時間を大切に考えているかというと、「ウサギとカメ」のようにコツコツ最後まで油断せず進めば、ウサギにだって勝てると思っているからです。

つまり、ウサギのスピードは才能かもしれませんが、カメには持久力と身を守る甲羅があります。カメである私が勝つ術は、コツコツと継続する以外にないとわかっているのです。しかも、意外にカメって歩くのが速いんですよ。

メール返信の9対1のコツ

大量のメールの返信に、頭を悩ませることはありませんか？

今は時間の効率化ということを多くの方が意識していますので、みなさんもメールで文章の使い回しをされているのかもしれませんね。

私のところにも毎日山のようなメールが届きます。「メールの文章は、ある程度登録しておいて利用し、時間短縮させよう」などと書かれている本もあります。しかし、私は相手から返事をもらうとき、そういうことが見えてしまうメールの内容だと、とても寂しく感じてしまいます。

メールの返信の際には、**一部分でも温かみのある言葉などを入れて、丁寧に返すようにしましょう**。使い回しの文章は意外とわかってしまうし、相手には何も気持ちが伝わらないどころか、冷たさや違和感を持たれてしまうものです。

さらに私は**「仕事の要件だけ伝われば良いメール」**と、**「手紙的なメール」は分けて考えています。**

仕事の要件のものは、あえて簡潔に書きます。なぜなら、その方が相手もわかりやすいからです。それよりも早く返事をすることに重点を置いています。すぐに返事ができない案件のときでも、「いつまでにお返事します」ということを一度返信しておく心配りが必要ですね。

手紙的なものは、きちんと心をこめて書きます。そのかわり、こちらも忙しいですので、一度「返事必要」のフォルダに移動させて、時間があるときにお返事を出します。

自分がメールを相手からいただき感じることは、お礼のメールでも何でも「私の顔を思い出して書いていないな」と思うメール、温かい言葉が書いてあっても全員に同じものがいっているのが明らかにわかるメールに対し、とても嫌な気持ちになるということです。**90％同じ文面を使ったとしても、残り10％はその人のことを思って書いてみる**のが良いのではないでしょうか？

「いい人を気取ったメール」は、相手にはっきりわかるものだと、たくさんのメールをもらう私はよくわかります。だから、私も気をつけています。

それにしても、メールの返信って難しいですよね。相手の顔が見えないので、冷たく感じてしまうこともあります。私はこれでも結構いろいろと気になる人間なので、「この人、私のことを嫌っているのかな？」

「もしかして、この書かれ方だとお客様は怒っているのかな？　クレームかな？」

なんてよく心配になっています。そのほとんどは単なる気のせいだと、後で直接お話しするとわかるのですが……。

そのため、私は顔を見えないメールはワンランク丁寧な文章に気をつけています。

「丁寧＝よそよそしい」ではありません。その人に応じて親しみをこめたり、場合によっては茶目っ気のあるメールにしたりします。

茶目っ気のあるメールといえば、「私のことを愛してしまったようですね」「結婚しているということで、辛い思いをさせてしまってごめんなさい」……などと書いて、書く相手を間違えて何度か怖がられて逃げられてしまったこともあります。温かみと余計な一言を間違えた私の失敗談でした（笑）。

常に受信トレイは空にする

私は掃除を業者に頼むほど整理整頓が苦手ですので、メールでも失敗ばかりです。

全く整理をしないと次から次にくるメールで下の方へいってしまい、大切なメールがどこにあるかわからなくなってしまいます。

その結果、返事をするのを忘れてしまい、メールの存在自体を忘れ、お客様に督促されてしまうこともありました。

これは良くない！　と感じて、フォルダを作って自動振り分けをしたのですが、フォルダそのものを見ていないために同じ失敗を繰り返してしまいました。

受信トレイに何十件もメールがたまっていると、モチベーションが下がるものです。

返信したメールはきちんと仕訳をして、**「受信トレイが空＝その日の仕事を明日に回さない」**を徹底したいですね。

毎日のように、「見過ごしているメールはないかな？」「忘れているのはないかな？」と確認していますが、これは漏れなく返信するための作業ですので、時間のムダではありません。それよりも**怖いのは「メールごとき」で壊れた人間関係を修復する時間**です。

仕事をしていて、メールの問い合わせをまるでチャットかのような早いレスポンスで返信される方がいるのですが「かっこいい！　仕事できるな、この人」と感動してしまいます。

これを見習って、すぐ答えられるものは、**「瞬間的な返信」**というのを、事務所のみんなで最近実行しています。

メールの整理だけの話ではなく、自分の短所はきちんと治せれば良いのですが、人間には得意不得意は必ずあります。

自分の短所さえ自覚すれば、注意深く対応できるはずですので大丈夫ですよ。

肥料か害虫かを見分けるには

「興味がわいたこと」や「なんだか楽しそうなこと」は、夢の芽を育てる「肥料」にも、夢の芽の成長を妨害する「害虫」にもなりえます。

なぜなら、夢の芽を育てるには、何かを成し遂げると決めて（モチベーションを上げ）、「継続」して行うことが必要だからです。**継続の妨げになるのなら害虫ですし、目標に対してモチベーションが上がるのなら肥料になる**ということです。

同じテレビドラマでも、週にひとつだけ楽しみにする。あのドラマの主人公も頑張っているから自分も負けずに頑張ろうという方もいるでしょう。一方、ドラマの後のドキュメンタリー番組も観て、お笑いも観て……。これならテレビなどない方が良いですよね。

私はワイドショーや女性週刊誌が好きです。お笑い番組も大好きです。世間一般に言わせればムダな時間であり、学ぶことは何もないものかもしれません。しかしこれに関して、私はムダな時間などとは思っていません。それによって、とても心が安らぎ楽しい時間を過ごせるということ、またお客様との話題、子供との話題にとても重宝するからです。

　仕事や人間関係において、そういうことが何もわからないでは話も弾みません。私の経験上、お客様のところに行っても、仕事の話なんて半分だけです。仕事という意味だけなら、不必要なものはたくさんあるのかもしれません。しかし、「人間的な厚み」「幅広い人間性」のためには、いろいろなことが必要だと思うのです。

　スポーツが好き、旅行が好き、食べ歩きが趣味、何かを集めるのが好き、何でも良いのですが、そういうものが何もない、ただ勉強だけの人は面白みがなくて、魅力的じゃないですよね。

　しかし、まいた夢の種から出た芽を食いつぶす害虫には、注意しなければなりません。ここでいう**害虫は、継続のさまたげになる時間を食う誘惑そのもの**です。

　例えば、クライアントや大切な人がジャイアンツファンなら、試合の結果や選手の特徴などを押さえておくことは有意義ですが、わざわざ全試合を観に行く必要はありませんね。ドラマもあらすじがわかっていれば会話には困りません。お笑いも同じですよね。

ストレス解消のためのテレビ鑑賞と、情報収集は分けて考えるようにしましょう。

これは、インターネットの使い方と通じるところがありますね。

また、「酒の場は往々にして意味がない」とおっしゃる方がいますが、私はそうは思いません。メリットを少し列挙してみましょう。

・良い情報が入ったらすごくプラス
・楽しい時間を過ごせて、いっぱい笑うことができてもプラス
・友情が深まったら、それもプラス
・グチばかり聞かされても、自分が恵まれていることが再確認できてプラス
・ダラダラ長時間の飲み会でたいした会話をしてなくても、時間の分だけその人との距離が縮まり親近感を覚えてプラス
・「この人すごい。私も頑張ろう！」とやる気と元気がでてきてモチベーションがアップできれば最高にプラス

いかがですか？　お酒が入って大騒ぎするのではなく、メリットとおいしい料理を

噛み締めながら出席すれば、様々な効果が期待できますね。「ただ、そこに居る」のではなく、「出席したんだから何かを得たい」という気持ちを持てば、害虫に悩まされず素敵な夢の育成に励むことができますよ。

移動時間でも夢を育てる

夢の芽を育てるという目的意識さえ持てば、隙間時間だってムダにできません。

全ての時間が収穫の成果に少なからず影響してきます。しかし、せっかくですから、ガツガツではなく、楽しい使い方をしましょう。

例えば、電車での通勤時間が長いなら、漫画やスポーツ新聞を読んで過ごすのではなく、有意義に過ごしましょう。車でも同様に、プライベートな空間の上に好きな音楽が流せますので、**日常生活とまた違った効果**があります。

いずれにせよ通勤時間は脳がヒマすぎて「使って、使って！」と騒いでいます。使わないなんてもったいないことです！　私はそんなときに良いアイデアが思い浮かんだりしますので、**書き留めるノートは常に持つ**ようにしています。

本をたくさん読みたいのですが、仕事を職員に任せてはいても、やはり私が目を通さなければいけないものはたくさんあります。昼間はぎっしり仕事が詰まっていてなかなか時間が取れません。そんな私には、やはり移動時間は、やっとできた読書タイムです。私も前までは遠いお客さんのところに、電車で行くのがとても苦痛でしたが、「今回は楽しみにしていたこの本を1冊読もう」、「せっかく都心に出るから、池袋のデパートのあのお店でプチ贅沢なランチをしよう」など、今は計画を立てて楽しんでいます。おかげで今は、遠方の仕事がとても楽しみです。

また、最近挑戦してみたのが**「オーディオブック」**です。オーディオブックとは、本の文面を朗読した音声CD（デジタルデータとして配信するサイトもあります。ダウンロードしてiPodや携帯電話などに入れて聴けます）です。実際に使ってみての感想ですが、目がふさがっているのに本の内容を聴けるので、移動時間を有意義に過ごせるので画期的です。

ただ、車での運転中は集中していますので、「あれ？　何を言っていたんだっけ」ということも多いです。とっさに聴き直しができないので、頭に入らなかったときには少し不便を感じます。

私は「本」の方が好きですが、さすがに運転中に読書はできませんので1分1秒でも有意義に過ごしたい私としては、これからもふたつを上手く臨機応変に使い分けていこうと思います。

芽を育てる休日の過ごし方

忙しかった1週間が終わり「やっと休みだー！」という気持ちはわかりますが、休みの日の惰眠に気をつけるようにしましょう。

朝起きるのがゆっくりだったり、昼寝の時間が長かったりするのは、疲れがとれるどころか、逆に疲労がたまってしまいます。それは科学的にも立証されているようです。

私も、みなさんと同じように平日はとてもハードですので、休日は起き上がれないほど疲れていて、お昼近くまで寝ていることがありました。しかし、睡眠が多すぎ、ずっと眠いままで体も疲れが取れず、1日中だるくて後で後悔していました。それに前から、「時間がもったいないな。損をしている気分」と感じていました。

そこで、休日の過ごし方を変えました。休日の前は、夜遅くまでゆっくり起きてくつろぐというスタイルが一般的かもしれませんが、私は逆に、**休日の前の日ほど早く寝て、有意義な休日を過ごせるように**努めています。

ちなみに、子供が塾に通っていたときは、あえて土曜日の午前中のクラスにしました。早く起きるしかなくなり、1日が有意義に過ごせると思ったからです。

せっかくですので「読書をしよう」「子供とたくさん遊んであげよう」「スポーツをしよう」「今日はお菓子作りをしてみよう」など、何でもよいのでダラダラではなく、目的をもってはつらつとした休日を過ごしたいですね。

さて、休日なのに仕事のことが気になる方がいますが、それはなぜでしょう？

理由はたくさんあると思いますが、大きな理由として「仕事が押している」からではないでしょうか？　だとすれば、もう一度計画を見てみましょう。本当に時間が足りないのですか？　神経質になりすぎていませんか？

私の経験上、休みなのに仕事が気になる状態は、心身が休まりませんので、仕事をしたほうがマシです。

もし、じっくり精査した上で仕事が押しているのならば、休んでいる場合ではありません。時間が節約できる部分を見つけたり、もう一度スケジュールを立て直したりして、休日を有意義に過ごせるようにしましょう。

きれいごとを言ってしまったかもしれませんが、独立や起業を考えている人に私の独り言を……。起業をしたての頃は「寝る暇なく仕事」くらいでなければ、成功なんてありえないほど「自分で商売をする」ということは厳しい世界だと思っています。

また、「夢の中で仕事のことを考えている」のも、自営業者の宿命だと思っています。

ただ、どこかで少しだけそんな生活から脱出したいなと思うこの頃です。

成長を加速させる良い出会い

良い出会いは、夢の芽の成長を加速させます。

それは、その人の経験や知識を参考にできるからです。その素晴らしい出会いを逃さないために、日々自分の夢に関する関連事項は勉強し、自分を磨いておくようにしましょう。そうでないと、いざというときにチャンスはつかめません。

私は**「全ては人との縁」**だと思います。私の仕事で顧問先が決まる、決まらないは社長との縁、結婚も縁だし、友達も縁で、子供も縁です。上手くいかなくて悲しい思いをしたことも何度もあります。

しかしダメだったときは、「縁がなかっただけ」つまり「もっと良い人と知り合えるから」「この人と関係していたら、この後逆に悪いことが起きていたのかも」と思えば前向きでいられますし、何も怖くありませんし、悲しくなんてありません。

私自身、それを理解するまでにずいぶん長くかかりましたが、身をもって体験をすることでわかってきました。

「人間万事　塞翁《さいおう》が馬」という言葉が私は大好きです。

この意味は、「人生、思いがけないことが幸福を招いたり、不幸につながったりして、誰にも予測はつかない。また、だから、やたらに喜んだり悲しんだりしても始まらない」ということです。

そのときショックを受けるようなことがあっても、後からこれが「人間万事　塞翁が馬」なんだなと思うことがよくあります。

頑張っているのならば、自分を信じて、そして自分を安売りすることなく、前向きに進んでいけば、きっともっとすばらしい出会いが必ずあります。

私も仕事がまとまらないことから、失恋、大切な職員の退職……など、たくさんショックを受けることがありました。しかしその結果、今の自分があると胸を張っています。

自分磨きで芽を育む

身なりは、相手に与える印象に大きく影響します。

前頁でお話ししたように、良い出会いをするためにも服装や身だしなみは重要です。高級品を身につけた方が、貫禄が出て良いという人もいますが、外ばかり立派で全く中身が伴っていない人を見ると、逆に余計軽く見えたりしてしまいます。滑稽に思えてしまいます。

外見から入っていき、それに早く追いつくように自分も成長していければ一番理想ですが、必要以上に無理をすることはないでしょう。**一番大切なのは「清潔感」のある服装**ですね。

さらにここで、私が実践する時間も短縮され、身だしなみを保つ美容術をご紹介させていただきます。男性の方はゴメンナサイ！　しかし、女性の気持ちを知る良い機会ですよ。女性クライアントとの話のネタにでもしてくださいね。

私も、仕事をバリバリしていても一応女性ですので、やはりきれいでいたいです。アラフォー世代ですから、複雑な心境なのです。しかし、朝は戦争のようです。なんといっても、主人はともかく小さな子供を叩き起こして、用意させて食事を食べさせ……自分の身支度どころではないのです。そのため、私のお化粧時間は5分程度なのです。そこで時間もないし横着で、だけど少しはおしゃれもしたい私が、いろいろ試してみたものの中から良かったものをご紹介します（その陰にはたくさんの失敗もありました）。時間も節約でき、プラスαもありますよ。

①まつ毛パーマ→約3000円、持ちは約1ヶ月

ビューラーを使わなくても良いのはもちろんのこと、ビューラーでまつ毛を上げても数時間で取れてしまい、直さなくてはならないという手間もなくなりました。

ずっとクリッとしたまつ毛でいられるのはうれしいです。30分〜1時間程度と髪のパーマのようにかけるのに時間がかからないのも、時間のない私としてはありがたいです。

欠点は持ちが1ヶ月程度なので、取れても時間がないとしばらくそのままになってしまっていることが多いことです。私の行く美容院は、まつ毛パーマもしているので便利です。縮毛矯正やカラーリングでは待っている時間が長いので、その隙間時間にいっしょにやってもらうようにお願いしています。

まつ毛エクステンションという、つけまつ毛ではなく植えまつ毛のようなものもあります。長さやボリュームをアップして、ビューラーだけでなくマスカラも不要で、アイメイクをゴージャスにするということで流行っています（私は、まつ毛が長くて、本数も多いので経験していません）。やはり持ちは1ヶ月程度のようです。

②縮毛矯正→約2万円、約3ヶ月ごとに伸びたところを追加でかける必要有り

私の髪はとてもクセが強く量も多いので、ストレートパーマなどでは手に負えず、人様に会える状態程度に髪をセットするのさえ、30分以上かかりました。そのため、ずっと短い髪でしたが、ロングのストレートに長い間憧れていました。

ストレートは無理でも長い髪はどうしてもしてみたい、だけど朝の時間もない、という私がひらめいたのが逆の発想でソバージュにすることでした。もともとパーマでボサボサならクセも目立ちません。その作戦も悪くはありませんでしたし、水で濡らしてムースをつければ良いだけなのでラクでした。

ただ、どうも「おばさんぽい」「太って見える」「ボリュームがありすぎ」と評判がよくない、ということで、縮毛矯正にチャレンジすることにしました。

縮毛矯正の欠点は費用が高くて時間がかかること（費用は2万円程度、かかる時間は3時間程度）と、伸びてきた根元の部分は定期的に縮毛矯正をしていかないと全体としておかしな感じになってしまうということです。しかし、かけるときは大変でも、憧れのロングのストレートができて、ブローなど何もしなくてよくて手入れはラクです。毎朝のおしゃれのための時間が30分短縮されました。若くなったといわれたり、痩せたと錯覚されたりするのもうれしいです。

③アートメイクの眉毛↓約6万円？（店によりかなり差がある）、持ちは2〜3年

眉毛の形が悪く上手く描けない、描いてもすぐ取れてしまうこと、また何よりも朝の化粧の時間がゆっくりとれないということで、悩んでいたときに友人にアートメイクのことを教えてもらいました。

とはいっても入れ墨のようなものなので、数年取れないということで数ヶ月悩みました（アートメイクとは、取れない眉毛です。入れ墨のような感じで描きます。施術のときに少しだけ痛いですが、たいしたことはありません）。

しかし、実際やってみるととても自然に仕上がりました。夜が遅い仕事のときはお化粧も落ちてしまい、ふと鏡をのぞくとものすごい自分の顔にびっくりするということが30代半ば過ぎて多かったのですが、眉毛がきちんと残っているだけでも違いますね（笑）。朝大急ぎで、化粧もできずに自宅を出てしまっても眉毛さえきちんとしていればＯＫです。「口紅は塗っていなくても、眉毛だけは描かないとね」と、給湯室やトイレでＯＬさんたちが言っているぐらいですからね。思ったより自然な仕上がり、でも逆に思ったよりも持たなそうです。ホッとするようなもったいないような感じです。

金額も腕も人によりかなり差があるようなので、信頼がおけるところでした方が良いと思います。

④フェイスケア　イオンスチーマー↓約2万円　機種により違いがあり

「エステに行ってみたい！」というのは、女性なら誰でも思うものです。しかし、いくらお金がかかるのか考えただけで恐ろしく、広告で「エステ体験」もいろいろありますが、その後の勧誘のすさまじさを想像すると、やはり簡単に行けませんよね。

そんな私がちょっとエステ気分を味わいたくて購入したのが、「イオンスチーマー」です。熱いスチームと冷たいスチームが交互にモクモクと出てきて、とっても気持ち良いのです（煙モクモクの中に顔を当てている私の姿を、主人や子供は目を丸くして見ていますが）。今まで、いろいろな器具を購入しては、すぐに飽きてしまうということが多かったのですが、これだけは結構長く使っています。とても気持ちが良いですし、気分もリフレッシュできます。約2万円という価格もうれしいですよね。
ホームエステの商品は、素肌の引き締め用や、毛穴を目立たなくするものなど、いろいろな魅力的な商品が出ていますので、自分に合うものをぜひ楽しんで選んでみてください。
パナソニック　フェイスケア商品
http://panasonic.jp/face/

このように自分磨きをしながら、積極的に出会いを求めるようにしましょう。極端な例を挙げれば、私がもし結婚を夢にしているなら、結婚相談所にだって行くでしょう。恥ずかしいことなんて全然ないですよね。そういう少しの勇気がある人が、幸せをつかむことができ、成功するのです。

仕事であれ何であれ、成功するチャンスは数回しかないと思います。そのタイミングがいつなのかは誰もわからないから難しいのです。しかし、数少ないチャンスをつかむことができる実力はつけておかなければいけないと思います。

ときには失敗することもあるでしょう。いえ、最初の頃は失敗続きかもしれません。しかし失敗がなければ、成功もないのです。

チャンスをしっかりものにできる人が最後は勝つ。スポーツを観ていてもそう思いませんか？　しかし、そういう勝負強い人、運が強い人になるのも、普段の地道な努力の賜物なのです。

4章
育て方を見直す

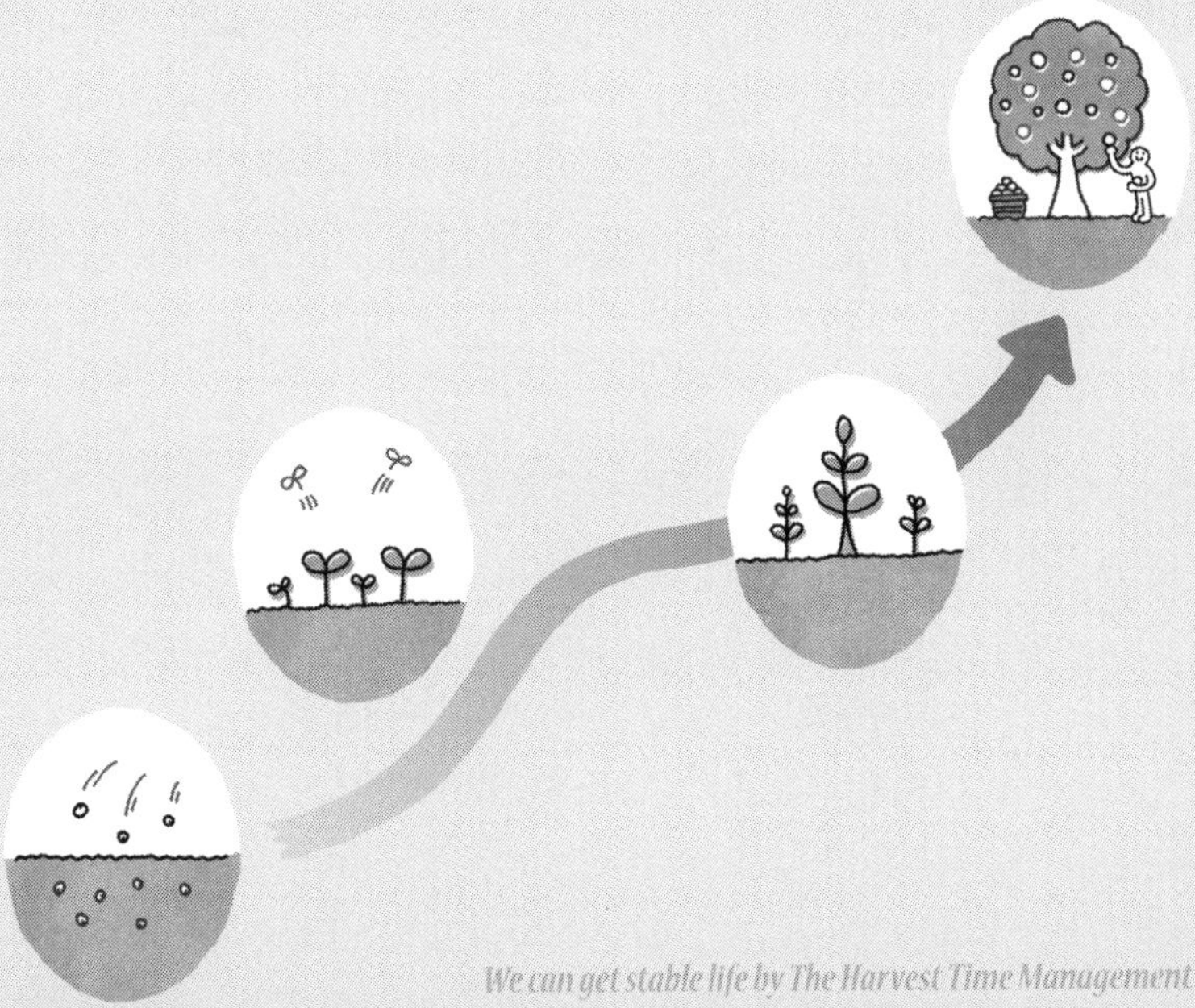

We can get stable life by The Harvest Time Management

頑張った末のミスは発育に影響しない

夢の芽を育て始めると、いろいろなことがあります。誘惑やトラブル、人間ですから病気や事故などにあわないとは言い切れません。注意深く生活していても、どうしても人生では様々なことが起こります。

目をつぶったまま通り過ぎたいことが、人生ではたくさんありますね。私もそんなことばかりです。しかし、**定期的に自分の生活を振り返ることは、何よりも大切**なことなのです。

ちょうど例年の気候と違うとき育て方を見直すように、冷静に自分の置かれている状況、そしてこれから進むべき方向を見直さなければいけないときもあります。

仕事や時間の使い方でミスをしてしまった場合、それが収穫前なら落ちこむのではなくて、**どのように軌道修正するかを考える**ようにしましょう。

頑張った末のミスは、決して時間のムダではありません。「同じミスを繰り返さない」「別の種を育てるときの経験」など、とても有意義なものです。過去のミスは必ず活かせるはずです。そして、当時の自分に「あのときのミスをありがとう」と感謝するときがくるものなのです。

私はたとえ悪いことが起きても、それが**本当に悪いことなのか、実は逆に良かったことなのかわからない**と思っています。それは自分の今までのいろいろな経験から、実感していることです。だから基本的に悪いことが起きても落ちこむことはありません。この経験が、吉なのか凶なのかは、人生が終わるまでわかりません。

「きっとこれは良かったことなのだ。神様がそう導いてくれたんだ」と思うようにしています。頑張っている人に神様は絶対悪いようにはしないと信じています（特に信仰があるわけではありませんが）。

実際その通りなんですよね。みなさんも過去を振り返ってそんな風に思うことってたくさんあったのではないでしょうか？

例えば、みなさんも恋人にフラれてしまい、そのときは人生の終わりのように泣き続けたときがあったのではないでしょうか？　しかし、何年か経って振り返ってみると、「あの人のどこがよかったのだろう。だらしなかったし、あの人とずっとつき合っていても苦労するだけだった」。「あの人も良い人だったけど、今の旦那様と知り合うために別れる運命だったのだ。今はとっても幸せだからこれでよかった」、なんていうことが、あるのではないでしょうか？

ただ、あくまで頑張ったからこそこのような考えができるのであって、頑張ってもいなくて、そのような考え方をして逃げるのではダメですよ。

自分の時間の使い方や生活の仕方を、少しでもハーベスト流にするのなら、自分で意識的に変えようと思わなければ、そのまま何も変わりません。

少しぐらい失敗しても大丈夫です。うまくいかなくても心配することはありません。いつかその**経験が栄養となり、自分自身の成長につながっていく**のです。

とにかく、前に進みましょう。歩き続けているうちは、何も心配することはありません。少しのやる気と覚悟次第で、人はどんな風にでもなれると思います。

ストップウォッチを使い集中力を高める

ハーベスト時間術は、「緩やか」「おおらか」というイメージを持たれるかもしれません。しかし、決められた期間に収穫するための生き方ですので、実は**時間感覚を研ぎ澄ませないと良い収穫物は得られない**ものなのです。

人間が、最も集中できるシチュエーションってご存知ですか？

私は締め切りが迫っている仕事のときや、集中をしたいときには、「ストップウォッチ」を首に下げて仕事をしています。

何をするにも目標時間を設定することで、時間を意識し、ゆっくりやったとき以上に**正確な仕事ができるようになる**のです。つまり**人間が最も集中できるシチュエーションとは、時間を意識したとき**なのです。

私は経験上、ダラダラ時間をかけてやっているときに限ってミスが多いということをわかっています。中途半端に時間に余裕があるときに限って、ダメなものですよね。

仕事でも勉強でも、慎重にかつ丁寧にやりすぎて、なかなか進まずイライラするということがあるのではないでしょうか？　真面目な人、細かい人に多いパターンです。それでは仕事や勉強の要領が悪くなってしまいます。

それなら、多少の間違いは気にせず**大雑把にまずやっていき、後からもう一度見直しをして間違いがあれば後で修正していく**方が何でも早く片づきます。

良い例があります。私の友人の子供が小学校の受験をするにあたって、塾で学んだときの話です。小さな子達ですから、じっくり教えてくれるのが普通の塾では当たり前です。しかし、通っていた塾では先生がストップウォッチを持って、子供に**時間を意識させながら学習をすすめていた**そうです。

先生が、「それでは3分でやりましょう。始め！」「終わり！」と掛け声をかけ、先にプリントができた子は「できました」と手を上げて先生がタイムを書いていくという、まさに「競争」方式だったそうです。

親達は「こんな勝負のようなやり方で良いのか？」と始めは思ったそうです。しかし、始めは怖がって泣いていた子もそのうち慣れて、逆に目を輝かせ驚異的な集中力を発揮したそうです。もちろん、受験の結果もすばらしいものだったそうです。**時間を意識した結果、解答のミスも同時に減っていきます**。当然ですよね、集中をして解いていますから。さらに余った時間は見直しにあてられ、心にも余裕ができるのです。

大人も子供も**集中することで、速度と質がどちらも良くなる**のは同じです。

量を倍にすれば効率は4倍になる　2×2の法則

人間は仕事の量が少ないと、納期に合わせてゆったりとした速度で進めてしまうものです。人によっては、緩慢に進めてしまうことで、質の悪い内容になってしまうことがあるようです。

私の場合は、集中力が持続しない性格ですので、**ふたつ以上の仕事を平行して進める**ようにしています。片方の仕事が順調なら、もうひとつの方に時間を多く割いて効率よくやっていきます。

複数の仕事がたまっていれば、1日、今週、今月など決まった期間に終わらせなければいけないですから、手を止めずやりますし、やり方や進め方も工夫しなければなりません。

作物を育てるときにだって、トマトの実がなってからきゅうりを育て始める人はいませんよね? 目標とする複数の作物を平行して育てるはずです。

それなら、勉強でも仕事でも自分の中で細かい区切りを考えて、平行して進めることが大切です。これなら、ひとつのことに執着して煮詰まってしまうこともありませんし、同時進行している別のことがヒントになることだってあります。

私は職員に対しても、あえて普通では1日で終わらないような2倍ぐらいの量の仕事をお願いしたり、また逆にひとつの仕事の締め切りをわざと半分ぐらいの日数で頼んだりします。結局無理でも構わないのです。**2倍の目標を設定したことにより、普段の1・5倍の仕事ができれば私としてはOK**なのです。

ハーベスト的な考え方で夢を収穫するために、ぜひいつも以上の量を効率よくこなせるようになりましょう。

少し無理な量を目標とすることにより、だんだん慣れてきて、**いつのまにかラクにその量をこなせるようになっている**ものです。

山のような仕事に追い詰められない方法

「山のような仕事で追い詰められてしまう」ことは、私自身、長い間苦しんできたことです。私にとって、たくさん仕事があるということは「お客様が増えている」、「仕事の受量が増えている」、「信頼いただけるからこそ仕事をいただける」ということで、収入もアップし、本来は喜ぶべきことです。

しかし、なぜか仕事が増えるたびに気分が落ちこむ一方でした。何度、この場から逃げ出したいと思ったことかわかりません。「これもやらないと……」「この仕事も終わっていない」とイラ立つことが多かったのでした。

しかし、そういう仕事に限って、やる気が起きず何日もそのまま。たまればたまるほど、ますますやる気は失せていきます。焦るばかりで、やらなくてはいけないとわかっていても、体も頭も拒否して動かないのです。

自分自身の商売でさえそのように感じてしまうのですから、会社員の方などなおさらだと思います。お給料が増えるわけではないのに、仕事ばかり溢れるようにあるのですから。

そんな私が「山のような仕事に追い詰められないため」に考えた方法です。まずはとにかく**何がたまっているのかを書いてみる**のです。細かいこと、小さなことでも全て書くのです。そうすると、

「こんなものか。思ったほどたまっていないな。これならどうにかなりそうだな」

「結構あるけど、まずはこれとこれはすぐに片づきそうだからここからやってみよう」

というふうに、前向きになれるのです。

初めての場所に行くとき、行きはとても遠く感じたのに、帰りはあっという間に着いて、「こんなに近かったっけ」と思った経験ってみなさんありますよね。

それと同じで、ゴールが見えないときは不安もあり苦しく感じますが、**「あとこのぐらい」とわかれば気分的にラクになり、不安もなくなる**のです。そのために何がたまっているのかを書き出して、**自分の距離とゴールをまずは把握する**のです。それだけで半分ぐらい仕事が終わった気持ちになります。また、たまっている仕事を書き出

した後、1、2、3と優先順位をつけてみましょう。なぜならば、私達はどうしてもラクな仕事、気が乗る仕事、すぐに終わる仕事から片づけるクセがあるからです。そうすると結局残るのは、「時間をかけてじっくり考えなければできない頭の痛い仕事」「苦手な仕事、嫌いな仕事」なのです。それは永遠に残ってしまい、そのうち「まだなんですか！」と、お客様や上司から苦情がきてしまうのです。

仕事の優先順位を必ずつけるようにして、そしてその順番に沿って、一つひとつコツコツ淡々と片づけてみましょう。何も考えず、まずは黙々とやってみるのです。そうして、少しでも仕事が片づいてくると、気分がとってもラクになり仕事も次々に片づいていき、楽しくなってくるものです。また、上司、同僚などにこまめに進捗《しんちょく》状況を報告しておき、場合によっては助けてもらうことも非常に大切です。

私の場合、事業主ですので、職員に仕事をお願いするのですが、「この仕事は私しかできない。私がやるしかない。しかしなかなか時間がなくて……」と抱えこみ、気が重くなっていたものが、結局切羽詰まって職員に頼むと、あっさり片づくことがあります。「こんな簡単に解決するのなら、もっと早くやってもらえばよかった」と、すっきりすることも多いのです。自分で抱えこむことって一番ダメですね。まずは、

仕事が山積みの状況を誰かに少しでも口にするだけで、状況は違ってきます。

大手企業では、まじめな人がある日突然出社しなくなり、机の中を調べてみると、とっくに終わっているはずの仕事の書類が山のように隠されていたということがよくあるそうです。仕事ができないと思われ評価が下がることが怖くて、誰にも頼ることができず、とはいえ焦るばかりで仕事がたまるだけで、手がつけられなくなりそのうち逃げ出すしかなくなるのでしょう。相談しにくい気持ちもわかります。切羽詰まってしまって追い詰められた気持ちもわかるのですが、こんなになってしまう前に、なぜ相談できなかったのかなと残念に思います。やはり「早めに相談」が大切です。周りの人は自分で思うほど、何とも感じていないものなのです。

また、新たな仕事が来たときは、「○日ぐらいお時間をいただきますが、大丈夫でしょうか？」と余裕を持った日程で言っておき、少しでも早く仕上げるようにします。時間には余裕をもってお引き受けするようにしています。

早めに言って遅れてしまうより、余裕をもって言っておき早く仕上がる方が、お互い気持ち良い仕事ができますよね。

効率を10倍にする「達成予定メモ」の作り方

仕事は、効率よく終わらせなければいけません。

前項でお話ししたように、「今抱えている仕事」を全て書き出したら、**2種類の「達成予定メモ」**をつくりましょう。

①1週間単位の「今週終わらせること」
②1日単位の「今日終わらせること」

そして、**終わった仕事からどんどん線を引いて消していきます。**一つひとつ消されていき、書いたものがどんどん減っていくのは、スッキリしてうれしいものです。逆に減っていかないと焦りますから、必死にやります。

実際やり始めてみると、思ったより簡単なことであったり、短時間に終わることであったり、食べ物で言うならば、「食わず嫌い」（やらず嫌い？）のようなことが多いのです。だから、とにかくしまいこんでいないで、「まず、ほんの少しでも良いので手をつけてみること」が有意義なのです。

うちの事務所では、**金曜日に「たまっている仕事」「来週すること」をまとめて打ちこんでもらい、全員に配ります。事務所全員で、たまっている仕事を把握する**ようにします。ある個人に負担がきて遅くなり、お客様に迷惑がかからないように、また個人的に仕事を抱えてしまい、精神的に追い詰められないように、上手にワークシェアしていけるようにという意味合いです。

その用紙を見ながら「これは終わった？」「これはどうなっているのかな？」とみんなで声を掛け合うようにして、「終わっています」と言われたら、私は線を引いて消していきます。もし、チームで何かを目指すなら、このようにメンバーのタスクと進《しん》捗《ちょく》を、定期的に確認するだけでずっと収穫に近づきますね。

相手に振り回されない自分の時間作り

私のクライアントで、打ち合わせの度に毎回毎回、1時間ぐらい平気で遅刻してくる社長がいました（遅刻を平気でするような人とつき合うべきではないという人もいるでしょうし、私もできればそうしたいのですが、きれい事だけで片づかないことも多いので、それは横に置いておいてくださいね）。

もちろん私にとって、そのことはとてもストレスでした。

しかし、あるときから、私はその社長のときはもちろん、他の待ち合わせのときでも、ちょっとやり方を変えてみたのです。常に本を1冊必ずバッグに入れておきます。読みたくて仕方ないけれど、なかなか時間が取れない本などです。

また、どうしても後回しになってしまい、なかなか進まない仕事も持って行きます。

そうすると相手が遅刻してきても全くイライラしないし、「もっと遅くても良かったのに」「たくさん時間があったからはかどったな」とさえ、思えるのです。
最近では、パソコンで原稿を書くなど、時間と移動手段によっていろいろなバージョンがあり、さらに**待つ時間を有意義かつ楽しく過ごせるようにパワーアップ**しました。

今までは相手が遅刻をしてきてイライラして顔も引きつり、1日気分も悪かったものが（自分にとって何ひとつ良いことはないです）、今では「遅くなって申し訳ないね」と言われても、「大丈夫ですよ」と、ニッコリ余裕をもって言えるようになりましたし、大切な時間を有意義に過ごすこともできるようになったのです。

ちなみに、ある個人事務所で、先方がその事務所にいらっしゃらないと入れない、というところがありました。しかし、先方は遅刻のようで、私は中に入れませんでした。この場合、入り口でいつ来るとも知れない相手を待つというのはストレスですよね。こういう場合、「いらっしゃったら携帯に電話ください。近くの喫茶店で仕事をしています」と書いてドアノブに巻きつけておきます。

しかし、次のお客さんがいて時間が動かせないときには、「今日は次がありますので。必要なものは郵送で送ります。電話でお話ししましょう」あるいは、「今月はもう時間が取れませんが、来月なら」とします。

このようにすると、イライラもしないし、待つ場合でもプラスの時間に変わりますね。**どんなことでも自分次第でプラスの時間に変えることが、一番良い時間の使い方**です。待たされる可能性があるのなら、それを想定した準備さえすれば、1時間余っても有意義な時間へ早変わりですね。

私は結構短気なのですが、考え方を変えるだけで、待たされることのイライラは減りました。ドライブで渋滞に巻きこまれても、車の中で楽しい会話をする時間ができたと思えば楽しいし、レストランで並ぶのも、この後出てくるおいしい料理を想像するだけで楽しく、ガラガラなお店より自分が選んだこのお店は正解だったと思うとうれしくなりますよね。

「これはスケジュールにない！　予定が狂ってしまう」なんて腹を立てずに、「ならどうする？」と考えられるようになれば、柔軟な思考を持つ、立派なハーベスト時間術の実践者ですね。

シンプルこそが次に繋がる

私は多くの社長と接していますが、最近とても感じるのが「時間を大切にする人が非常に多い」ということです。

社長によって多少考え方、やり方の違いはありますが、こちらが親切と思ってすること、例えば、向こうが必要としている以上の資料をそろえて差し上げたり、前もって先回りで何かをして差し上げたりしても、「ややこしくなる」「わかりにくくなる」。いらなければ捨ててもらっても良いと思い、前もって資料などを用意してあげても「処分するのも時間のムダ」という感じです。

必要以上に詳しく細かい説明も「親切」ではなくなってきます。**簡潔なポイントを中心とする説明**を多くの社長が求めているのです。

また、いくつかの選択肢を出し、メリット、デメットもご説明し、かつどれがお勧めなのかもさりげなく申し上げます。私を信じて仕事を任せていただいていますので、多くは私の勧める方向に決定します。

頻繁に訪問をしてあげ、頻繁に電話やメール、手紙などで連絡を取って差し上げるのが、仕事の上で親切であり美徳でもありましたが、時代と共にそうではなくなってきたようです。それは、訪問も電話も時間を取られるからでしょう。特に訪問の場合は、事前の用意などもありますし、電話がかかってくるということも、一度仕事が中断されるということなのです。

ですから、私が心がけていることは、「必要なときだけ、必要な的確なアドバイス」「自己満足だけの訪問、電話などはしない。相手の都合も考える」「電話、メール等は、不必要に回数が増えないように、要件をよくまとめてから」ということです。

生保会社の営業も一昔前は、毎日会社に来て、呼べばすぐに飛んできてくれ、ひたすら「熱意と根性」で勝負でした。今は、必要なときに必要な情報をしっかりくれて助けてくれる頼りになる人が求められ、営業成績も良いということが時代の変化を感じる良い例でしょう。

メールを打っているより、電話の方が早いと言う人もいますし、時間が大切だからこそ、メールだという人もいます。私もいろいろ考えさせられますし、勉強になるのでおもしろいです。

どれも間違ったことなんてありません。全ての考え方が一長一短であり、どれが正しくどれが間違っているわけではないと思うのです。相手がどの方法を一番望んでいるか、相手にとってどのやり方が一番親切かなのです。

話が少し仕事寄りになってしまいましたが、人づき合いでも、勉強でも同じだと思います。何よりも大切な時間（相手の時間もそうですし、自分自身の時間もそうです）をムダにしないために、シンプル・イズ・ベストを信条に動けば、お互いがハッピーなのはいうまでもありません。

「明日やれば良い」は悪天候

「今日も頑張ろう」は、太陽の日差しが程よく降り注ぐ天気と同じです。

逆に「明日やれば良い」という怠慢は悪天候です。

いつも穏やかな天気ならば、良い作物が収穫できるので、将来の自分のために、今だけはちょっと自分に厳しくなりましょう。

「明日やればいいや」と思ってしまうと、「明日もどうせやらない」ものです。そうしてやることがたまっていき、どんどん挫折していく……。

今日できないものが明日できるはずない、とみんな言いますよね？　あれ、本当ですよ。借金と同じです。今日のお金がないのに、来月に生活費プラス借金返済ができるかといえば、よほど当てがない限り無理です。だから、できる限り何でもためないようにしています。

夢の種を着実に育てるには、毎日が、そして1分1秒が勝負です。何でも先延ばしにしてはいけません。仕事以外でも「資格の勉強を始めよう」「ダイエットをしよう」と思ったらすぐに始めなければ、結局そのままになってしまいます。

私の恩師でもある人は、よく**「昨日まではリハーサル、今日からが本番」**という言葉で熱く語っていました。普通なら「今日まではリハーサル、明日からが本番」となってしまうのではないでしょうか？　しかし、今日まではリハーサルという気持ちでは一生リハーサルのまま終わってしまいます。

燃えたそのとき、**始めようとしたそのときが、絶好のスタート日和**です。やるべきことの100分の1でも良いですから、手をつけてみましょう。全部やらなくてはいけないと思うから、気が重くなってスタートを切れないものですが、一歩踏み出すだけでも、スタートを切ることが何よりも大切なのです。

私の仕事でいうならば、「就業規則の作成」という頭が痛くてじっくり取りかからないとできないような仕事の場合、第1条だけで良いから手をつけてみる……など。資格の勉強をしたいなと思ったら、さっそく本屋に行って関連の本を1冊買ってみる、予備校にパンフレットを取り寄せてみる、などです。

私もそうですが、みなさんもダイエットで「明日やれば良い」で何度も失敗を繰り返しているのではないでしょうか？　明日も絶対できないんですよね。

ぜひ、自分に厳しい姿勢で取り組むようにしたいですね。自分の意志の弱さと誘惑に打ち勝つことができれば、あとは継続するだけで収穫の可能性がグン！　と上がります。

詰めこめば時間は大きく育つ

1日は24時間しかないので、もっと時間があればと思う人は多いようです。

私は、時間が足りないとは思いません。なぜなら、**時間は思った以上にたくさん入る「胃袋」のよう**だと考えているからです。

入れる順番を変えたり、丸めてから入れてみたり、少しぐらい折れてしまっても気にせずとにかくどんどん中身（予定）を入れてみると、びっくりするほど入ってしまうものです。

時間がこのような空間だとしたら、隙間だらけではもったいないと思いませんか？ どんどん中身（予定）を入れるべきですね。私達の胃袋のように、中身に合わせて伸びて大きくなるから、少しぐらい入れすぎても大丈夫です。

小食の人の胃は小さく、大食いをするとどんどん大きくなっていきます。それと同じで、毎日無理やりたくさんの仕事をする場合、最初はキツくても、それをこなせる容量に自然となっていくものなのです。

大食いの場合は不健康ですが、**時間の胃袋は大きくなればなるほど、密度の濃い時間を過ごせるようになり、時間のゆとりができる**ので、頼もしい人に大変身することができるでしょう。

もちろん、詰めすぎると消化不良を起こしてしまい、何も実現できないという本末転倒の事態になってしまいます。予定通りに仕事は進まないものなので、予備日を作って、終わるはずもないぐらいにぎゅうぎゅうに予定を入れておくようにしましょう。そして、あとは2×2の法則通り、集中力を絶やさずにガンガンこなしていけば、どれだけでも食べられる仕事の胃袋になっていきます。

私の場合、欲張りということもありますし、家庭や子供のこともあるので、とにかく予定はぎゅうぎゅうです。自分の1日の行動パターンを書いてみて、実際できあがったものを見たら、ものすごいハードスケジュールで自分でもびっくりしてしまいました。

しかし、1日24時間しかないのに、よくこれだけのことをしているなとも思いました。睡眠時間もたっぷり取っていますし、時間に余裕のあった若い頃より、何倍も密度の濃い毎日を過ごしています。必要に迫られて、時間の使い方やコツを理屈抜きで、体で覚えてきた感じです。

「時間はない、だけどやりたいこと、やらなければいけないことが山積み」の場合、何かを成し遂げたい気持ちさえあれば、どうにかできてしまうものなのです。逆にムダなことがどんどん削がれていき、シンプルかつシャープな行動が取れるようになってくるものです。

長時間労働は悪いイメージ？

長時間働いている＝頑張っている、という評価がされる時代は終わりました。時間がかかりすぎることは、仕事ができないという評価の要因になっているかもしれません。

しかし私は、世の中で効率化が熱心に叫ばれている現状に危機感さえ感じています。効率化をするあまり、血も涙もない、サイボーグのようなおもしろみがないやり方、人間味がないやり方をする人が増えてきているように私は思います。

結果重視ではなく、過程も大切にする「充実したハーベストライフ」を送るためには、時間術でよくある**「効率化」からスタートしてはいけません。**

先人の話を聞いたり、不器用にやったり、失敗したりする経験も必要で、そんな中から学ぶことは多いはずです。ですから、「長時間労働」を、要領の良い人は笑うのかもしれませんが、とんでもない間違いだと思います。長時間労働をして、汗水たらして仕事をする経験が、長い将来、年を取ってからどれだけ大切な経験となることか。ビジネス上ではもちろんのこと、生きていく上で血となり肉となるのです。

こういう経験をしない人、地道な努力をしない人はダメです。上手くいかなくてもがく中で、どういうやり方をすれば良いのかなど、自分で必死に考えて編み出した自分流の方法こそが「効率化」だと私は考えています。

私も開業当初は、顧問料の値段設定がよくわからず、安い金額で受けてしまうこともありました。そういう会社に限って、山のような手間のかかる仕事ばかりで、細かい質問ばかりしてくるものです。「やってらんないなぁ」とイライラしていましたし、何度「もう、うちではお引き受けできません」と言おうとしたかわかりません。

しかし、長い月日も経ち振り返ると「あの社長の細かい質問に一つひとつ時間をかけて調べたことが、すごく力になっているし、今の自分の知識となっているんだな」と思い、なつかしさと共に、その社長に感謝の気持ちがあふれてきます。

要領の悪い私は、仕事でもついつい懲りすぎて時間がかかってしまったり、深く調べすぎてしまったりして、後でそんな自分にため息をついてしまうこともあります。

しかし、そういう時間もきっと自分の血となり肉となっていくのだと心の中ではわかっているので、実は後悔はあまりないのです。

強い人間と弱い人間がいるとするなら、**弱い人間は「失敗し続ける人」なのではなく、今まで負けてこなかった「挫折知らずの人」**なのではないでしょうか。だって、苦労や挫折をしてこなかった人は、苦境に立たされたときの対処法を知らないのですから、簡単にポキッと心が折れてしまうものです。

私は失敗、挫折の繰り返しばかりでしたから、とっても強いです。失敗を繰り返す中で、成功への方法がわかってきますし、他の人に優しくできる心、相手の気持ちを思いやる心もできてきた気がするのです。人間的な深みもできたような気がします。

夢の収穫者は、全員休む時間もないほど努力をしてきているものです。効率なんていう言葉も忘れてしまうぐらい、無我夢中で学び働き続けた時間があったはずです。結果がどうあれ、この時間は人生において大変有意義なものなのです。

成功者の失敗談を聞こう

この章では、夢を軌道修正しながらも育てていく方法をお伝えしてきました。そして、この章の最後にひとつ大事なお話をします。

成功者の話を読んだり、聴いたりすることは有意義なことです。

しかし、成功者の書籍や話の成功談だけを聞いても、成功できるとは限りません。

成功の裏側には必ず失敗があるものです。つまり、それが成功の秘訣、源なのかもしれないのです。

私は、どんな話を聞いても「すごい！　すばらしい！」と純粋に感じます。そしてとても温かい気持ちになり、気持ちが高揚します。そんな自分が好きです。

だけど、それを何でもマネするかは別問題です。その人はそのやり方で成功したけれども、そのやり方を自分がやったとき、自分が成功するかは限らないことを知っているからです。成功している人のやり方はまちまちです。Ａさんはそれで成功しなくても、Ｂさんはそれで成功している。こんな感じでみんな違うものです。

また、成功者というよりも、ただ単に話が大げさな人がいますので、これはきちんと見分けなければなりません。自分の見せ方だけが上手いだけの人についていっては、確実に時間をムダにしてしまいます。成功した話はみんな胸を張って数倍大げさに言うでしょう。いくらでも話してくれます。

しかし、失敗した話はなかなか聞くことができません。失敗した話の中にこそ成功につながる大切なことがあるのです。失敗がなくて成功はありえないのです。今から何かを目指す人が聞くべきなのは、**成功への秘訣がたっぷり隠されている「失敗談」**なのです。

例えば、ある成功者の話で、過去に借金まみれの人生からそれを乗り越えて成功したのだとすれば、成功のステップではなく、「なぜ、借金をすることになったのか？」「どうやって返したのか」この部分に大きなヒントがあると考えています。

涙なくして、汗をかかなくて「成功」なんて絶対ありえない。

ラクしてスマートに「成功」なんてありえない。

カッコイイだけの「成功」なんてありえない。

成功へのやり方は、みんな違うと思います。**いかに自分流にアレンジできるか**です。

ただマネするだけではダメなのです。

素直な気持ちで成功者の話を聞き、自分の頭の脳みそから血が出るほど考え抜く、

そして汗水たらして努力をして、失敗も成功の糧として進んで行く。

私は、**成功は失敗を積み重ねたほんの少し先にあるもの**だと思うのです。

5章
収穫し、また種をまく

We can get stable life by The Harvest Time Management

収穫した夢で「自分ブランド」作り

さて、ここまでの話では、夢の種をまき、たっぷり愛情をかけてあなたの夢を育ててきました。

念願かなって、**夢を叶える＝収穫することができたら、それを自分のブランドにしましょう**。それを自己満足ではなく、「強み」にすれば人生の視野はもっともっと開けます。それが、次の夢の収穫につながっていくでしょう。

私の体験をお話しすると、社会保険労務士の資格を取得して独立し、今までとにかく必死に食べられるようになるために日々頑張り、お客様のことだけを考えて進んできました。そして、ようやく自分のアピールポイントは何なのか、さらにお客様のためにプラスαできるサービスは何なのかと、考え始めることができました。

現在、どうにか安定してきましたが、自分や自分の事務所が**成長を続けなければ、**

安定なんて続くはずはないと思っています。「安定ほど難しいことはない」というのが、現時点での私の結論です。これからは、もう一歩上を目指したい、自分のカラーを出していきたいと思い始めました。そうしていかなければいけないのです。「ブランド」というと難しく感じますし、そういうのは嫌だと拒否反応を示す人もいるでしょう。私もそうでした。

しかし最近、そんなに深く考えなくても良いのかなと思い始めました。演じることなんかしなくて良いし、大きく見せることもしなくて良いから、今までの人生を過ごしてきて今の自分ができ上がったわけで、その**自分の良い点をアピールすれば良いだけではないでしょうか？**

私は、お客様の前でいつもニコニコしていて、何でも話しやすいタイプで、お話を聞くのが大好きで……。相談しやすいというのが一番の特徴らしいです（お客様や職員談）。それを十分活かせば、ブランドになると思っています。

「相談しやすい社会保険労務士」

どうですか？　堅いイメージがなくなったと思いませんか？

「女性」ということも充分にブランド、つまり特性ですよね。ただ「女性」というだけではマイナス面、例えば頼りない（最近はそんなことない?）、細かい（細かい男性も最近は多い?）などの特性も強く出てしまいますので、何か「私の仕事の強み、得意分野」と「女性」を絡めて、上手くブランド作りができないかなと作戦を練っています。

「冷静な頭脳派」なんて私と正反対ですが、自分ブランドですよね。自分ではマイナスと思っていたり、たいしたことないと思っていることでも、それが特徴であり長所、個性だったりするわけです。

マイナスと思われている「年を取っていること」だって、そのことで頼りになるし、味も出ます。ひとつの個性で、ブランドに上手く持っていくこともできますし、学歴が高くても低くても、それもそれぞれの個性としてブランドに持っていけるはずです。

「自分を冷静に客観的に見る」
「自分で自分を認めてあげる」

ということが、自分ブランドの作り方であり、プラスαのサービスへの第一歩だと思います。嘘や見栄は必要ありません。虚栄心を満たすためのブランドではなく、次の収穫につながるブランドを作りましょう。

仕事とプライベートを切り離さないから収穫できる

仕事とプライベートをしっかり切り分けようという風潮があります。

しかし、全てに熱心な人ほどなかなか切り分けができないものです。「仕事を頑張る自分、プライベートを大切にする自分」どちらも主役は自分自身なのですから、どちらが大切ということはないはずです。どちらも人生の一部ですのでバランスを取るようにしたいですね。

私はごく普通の女性で、優秀でもなく、才能もなく、思っていることもはっきり伝えられないような人間でした。だから、「大手企業を辞めてひとり暮らしをして社会保険労務士になる」なんて大それたことを決めて、親に自己主張したのも一生のうち最初で最後です。

そんな仕事だからこそ、辛くても嫌なことがあってもやめられません。ですから、私にとって仕事の時間は食事やトイレや睡眠の時間と一緒で「必ず作らなければいけない時間」「当たり前のようにある時間」という位置づけです。

仕事を続けるのが困難になることがあったとき、「仕事をやめればこの苦しい状態から開放される。だからやめたい。やめれば今の問題は全て解決する」という考え方ではなく、**「仕事はやめるわけにはいかない。しかし、今の問題は解決しないといけない。そのためにはどうしたら良いか？」**という逆の考え方をしましょう。

何が中心なのか、何が妥協できないのかをしっかり確認します。そうすることで、「それ以外のことをあきらめることになる」ではなく、「上手に無理なくできるようになり、全てをあきらめずに続けられたり手に入れたりすることができる」ようになるのでしょう。

いつもバタバタしている私ですが、やらなければいけないことが山積みで、たぶん1日に普通の人の2倍以上のことをしているからこそ、やりくり上手になりました。自分の体験の中から、理屈ではなく、どうしようもなくなり自らカラダを張って、ない知恵を絞って考えたのが、ハーベスト時間術なのです。

優秀な人でなくても、不器用な人でも大丈夫。「これをしたい」「こうなりたい」「仕事を続けたい」「合格したい」という夢と希望と強い信念さえある人なら、誰でもできると自信をもってオススメします。

大きな壁が立ちはだかったなら？

どうしようもないトラブルや難問が目の前に現れたとき、人は途方に暮れます。ある人は、この姿を見て「情けない奴だ」などと言うかもしれません。しかし、それは当事者でない外野の声ですので気にする必要はありません。

私は、壁は乗り越えられるのならベストだと思いますが、**難しい場合は迂回しても良い**と思います。その結果、心に大きな傷を負ってしまったとしても、じっと黙って時が過ぎるのを待てば、やがて心の平穏が訪れるでしょう。

確かに過去を振り返ると、そのときは「一生忘れられない。立ち直れない」なんて思ったことでも、今も少し傷は残っているものの元気に立ち直っていて、そんなことも過去の思い出になっていることって多いですよね。そして、その経験は今の生活に役に立っているのではないでしょうか。

例えば、介護だの育児だの家庭だの……、男女を問わず仕事との両立に苦しむことは多いと思います。そのとき、仕事を続けられるかのポイントは、「その仕事を一生続けたいと思っている」
「その会社が大好き。ずっと続けたい」というポイントが分かれ目になると思います。もし、「代わりの仕事はいくらでもある」「こんな給料なら他にもいくらでも近くて楽なところはある」というような気持ちであれば、苦労してまで仕事を続けることはないと思います。一度退職をしてまた時期がくれば復職すれば良いし、もしくは単純にお金を稼ぐためであるならば、近くて楽で融通が利く職場にすれば良いのです。
ただ、どんなことが起こっても、**マイナスエネルギーを原動力にしてはいけません。**なぜかというと、嫌なことがあると全ての原因を他人に求めてしまい、仕事も何も全然進まないからです。

他の人を嫉妬したり、憎んだりもしてしまいます。そんな気持ちになってしまうと、時間を浪費し、やる気が削がれて夢の芽が枯れていきますので、注意が必要です。

私にも、仕事で嫌なことがあって「仕事を辞めてしまおう」と何度も思ったことがありましたが、その都度、自分の心の声に素直に耳を傾けました。

そうすると、素直な自分の気持ちは、どうしても仕事をやめたくないと言っているのです。それならどうしたら良いのか、どうしたら？　と引き続き自分に問いかけてみました。

思いっきり落ちこむこともあります。いろいろなものが爆発して泣き喚いたこともありました。心から打ち解けられる仲間に、話を聞いてもらったこともありました。そうすると「私も実は……」なんて、同じようなことを乗り越えた話をしてもらい、元気をもらったこともあります。まるで自分の悩みのように、一緒に解決策を考えてくれて嬉しかったこともあります。周りの人のヒントや助けは、今までの私を支えてくれました。

私はいつも自分の気持ちに素直に生きてきました。そして周りの大切な人の助けで、今のところは大きな壁が現れる度に乗り越えてきています。

つまり、自分の夢を叶えたい気持ちが強ければ、いつだってポジティブに立ちはだかる壁に向き合えるものなのです。たとえ、どんな選択肢を選んだとしても、悩み、考え抜いた末の行動が間違いかどうかなんて、何十年の人生で考えれば些細なことです。

だから、自分の信じる道に進むようにしてください。きっと、あんなこともあったなと、良い思い出になることでしょう。

収穫を逃したらどうするか？

全てが成功するとは限りません。

そのとき「あきらめるか」それとも「続けるか」を決断することは、難しいものですね。そんなときは**自分の心に素直になってみてください**。潔い人、負けず嫌いな人、性格は十人十色ですが、あきらめることは勇気がいるし、大切なことです。

ただ、あきらめるにしても「自分はできる限りやった。もうこれ以上はできない」というところまでいって、燃え尽きるまで努力をしているなら、自分で納得もするし、将来後悔することなく、「頑張った良い思い出」になってくれます。

少し前、ある顧問先であった出来事です。

社員のひとりが大量の人を引き連れて独立したせいで、その会社はガタガタになってしまいました。従業員がみんないなくなってしまったのは、社長にも大きな原因があり、仕方ない部分もありましたが、あまりに残酷な事件でした。その後、独立した方から「ぜひ顧問社会保険労務士として入ってほしい」と言われました。顧問料の額も大きなものでしたし、私はその方にも、とても良くしてもらっていました。

顧問先の社長は「あなたにも生活があるし、事務所も維持していかなければならない。同じ事業主だからこそ、その大変さは私が一番わかっている。だから、私に気にせず引き受けてあげてください」と言ってくださいました。

しかし、いわば社員のひとりがクーデターを起こした状態ですので、素直にそうすることはできません。私ひとりの事務所であれば、迷うことなく断ったはずです。そうは言っても、私の会社も従業員も増えてきていて、彼らの生活も守らなければなりません。「事業主としてビジネスと割り切り、お引き受けすべきではないか。それが事業主としての義務ではないのか」と苦しみました。

お恥ずかしながら、ギリギリまで悩みました。そして悩み抜いてお断りしたのです。この社長は、私がほとんど顧問先のない時代からのつき合いで、若くて未熟だった私を優しく、ときには厳しく育ててくれた人です。大切なことをたくさん教えてくれました。やはり、その社長を裏切るようなことは絶対できないと思ったのです。

それから、2年近くが経ちましたが、その結果はというと、クーデターを起こして独立した会社は順調にいっています。もともとの会社は、心労やいろいろな理由で社長は一線を退いてしまい、息子さんが引継ぎ細々とやっていますが、徐々に疎遠になり、私が裏切られたような形となってしまいました。

結局、私はあのとき選択を間違えたのかもしれません。しかし、後悔していません(しかし、立ち直るまでにはちょっと時間がかかりましたよ)。長い間悩み抜きましたし、義理人情は大切にしなければいけないと、今でも思っていますので、あのときの選択に後悔はありません。

仕事以外でも、このように収穫を逃したときは、私は開業直後のことを思い出すようにしています。ずっと芽が出ずに食べていけない状態だった私。仕事もキツくて長時間労働は当たり前の毎日で、この道に進んだこと、会社を辞めたことを後悔していました。当時、勤務していた銀行は、現在の住まいと同じ市内の商店街の中にあります。その商店街で、何度か仕事帰りに飲み会に向かう元の同僚や、上司の団体に会いました。そのときは、「今、私は幸せ。会社を辞めて社会保険労務士の道に進んで、順調だし、毎日楽しく過ごしているの」というような満面の笑みで挨拶しました。

しかし、心の中では「私もこの仲間に戻りたい。なんで私はこんな若くて女性なのに、こんな大変な思いばかりしなければならないのか。何でこんないばらの道を選んでしまったのだろう」と、ただひたすら悲しくてうらやましくて、溢れる涙が押さえきれず建物の影に駆けこんだこともありました。誰に強制されたわけでもなく、自分で選んだ道なのに……バカですよね。

しかし、この先ずっと後悔し続けたくないから、そのためには成功しなくてはならなかったし、そうでなくても「よく頑張ったね。やることは全てやったよね」と自分で納得できるまで、やり続けるしかありませんでした。何度も廃業は頭をよぎりましたが、「私はまだ燃え尽きてない！」と自分を励まし続けて頑張りました。そして今があるのです。今、気づけば自分のポリシーを保ちつつ、事務所は軌道に乗っています。

あのとき、何度も収穫を逃していたけれど、ずっと「燃え尽きるまでやり続ける」を守っていたから、今があるのかなと思います。

だから、何かに失敗したときも大丈夫。

自分に嘘をつかなければ、結果がついてくるのは私で証明済みなのですから。

今度は「あれ」を手に入れたいと願う

ひとつ収穫したら、さらに夢が広がるでしょう。

そのときは「あれも挑戦してみようかな」と思えば、人生はもっともっと輝くものになります。そうしていかなければもったいないですよね。

「やりたいことなんかない、欲しいものなんてない、夢もない」って思っている方はこの本を読んでいないと思います。こういう題材の本を読もうとする気持ち自体が、私はとってもステキだと思いますよ。だって、前を向いて歩いているはずですから。

ほとんどの方は何かをやり始めて、**ひとつ手に入ると「次はこれをしたい」「次はこれもほしい」**って思うものですよね。**人間はこのように成長していく**ものだと思います。そう考えると、まずは一歩進むところが大事です。小さなことからで良いのです。

私はまずは宅建を取りました。そうすると、ここで止まってはもったいないと思い社会保険労務士、そしてさらに行政書士とチャレンジをして、無事資格取得しました。資格が食べさせてくれる訳ではないので、もう資格は充分として、勉強したいことはたくさんありますし、これからも一生勉強をし続けたいのです。

学び続けることが、自分を成長させることだと思いますし、輝き続けることができると信じているからです。新しい知識を得ることは、とても刺激的な瞬間なのです。

子供も欲しかったのですが、仕事がどうなってしまうのか不安でいっぱいでした。お客様が私を見捨てずにいてくれるのか、それでなくても責任重大なこの仕事で、妊娠、出産などでお客様が不安がらないのか、何よりもそのような状態で、お客様のご期待に沿えるような仕事を続けていけるのか……考えたらきりがないほどです。

また、私の場合、病院通いを続けないと、子供ができにくいということもわかりました。何年かかるかわからない、一歩間違えば底なし沼のようになってしまう不妊治療を開始するか、迷いに迷いました。「やめよう」「いや、がんばってみよう」の繰り返しでした。

開始することにした決定的な理由は、「どうしても子供がほしい。手に入れたい」「もし結局ダメでも、できる限りの努力だけはして、自分自身が納得するところまでいきたい」ということでした。結局半年あまりの通院で、子供を授かることができました。

しかし、思い切ってひとり産むととてもかわいいし、かけがえのないものでした。それで、また贅沢になってしまうのですね。「あともうひとりだけ授けてください。そうすれば私はもうこれ以上は何も望みません」と心の中で神様にお願いしました。また、私の「どうしても手に入れたい病」が始まってしまったのです。

結局、また病院通いが2年以上続きました。2回目は前回以上に困難を極め、仕事の隙間時間を見ては、月の半分ぐらいを副作用の強い注射を打ちに行くという日々でした。子供があきらめられないというよりは、「まだ、可能性はある、可能性がなくなるところまで行きたい」と心の奥で叫んでいる私自身の気持ちを、あきらめさせることができなかったのです。

治療の結果、なんと双子が授かるという笑い話のような結末になりましたが……。

贅沢で良いと思うのです。

どんどん望んでいって良いと思うのです。

些細なこと、くだらないことだって良いと思うのです。

いつも何かを追い求めていた方が楽しいですし、輝いていられますよね。

「おいしいもの食べたいな」「海外へ旅行にいきたいな」「痩せたいな」「何か人の役に立つことをしたいな」……。そんな小さなことでも良いと思うのです。

したい、やりたい、私はいつもいっぱいなのですが、求めることがなければ叶うこともないし、そんな自分で良いと思うのです。欲求こそが、人間のバイタリティなのではないでしょうか。

夢の種をまいた過去の自分を褒めてあげよう

夢の種をまき、その夢を収穫しても、ましてや収穫し損なっても、振り返れば、恥ずかしくなること、悲しくなることがたくさんあります。

仕事の失敗であったり、振られてしまったことであったり、たくさん傷つくことを言われたり、されたりしたこともありました。

しかし、また次につなげるには、**自分自身が自分の一番の理解者になってあげること**です。

10年以上前ですが、契約解除をされたとき、

「○月○日をもって契約解除します。こちらの書類はお返しください」

白い紙に、パソコンでたった2行打たれただけのものが届きました。

ショックでした。それと同時に「この社長、パソコンなんて使えなかったはずだし、

いったい誰が？」と思いました。それからずっと、誰からかはっきりしないような薄い封筒を開けるのが怖くてたまりませんでした。

結局、同業者が私のお客を奪い、代わりに打ったものだと後でわかりました。その同業者も少し経って解除されたそうです。「前の社会保険労務士のままにしておけば良かった」と社長がつぶやいていたと、風の噂で聞き複雑な心境でした。

倒産などは仕方ありませんが、ほとんどないとはいえ、それ以外の契約解除はこれ以上心が痛むことはないというほどのダメージです。

社長に理不尽なことを言われることもあります。役所の人にも、昔は若くかつ女性ということもあり、差別とも思えるような扱いを受けてきました。士業としてふさわしい態度ではなく恥ずかしいことですが、何度か泣いたり、声を荒らげたりしたこともありました。

そのようなことが続いた結果、どんどん心が頑なになり「私は社会保険労務士よ。誰に対してそんな口の聞き方をしているのよ」というような、態度をしてしまうことが続きました。そうやって強くならなければやっていられない状態だったのです。

心のとげとげしさが取れて、自然体になれてきたのは30代後半となってきた頃からでしょうか？　年を取るのも悪くはないですね。だからこそ、応援をして親切にしてくださった役所の方には、いつまでも忘れないほど感謝しています。

夢中で社会保険労務士の勉強をしていたときのことです。

どうしても合格をしたいけれど、中途半端な気持ちではダメだと思い、その当時交際していた彼に「試験が終わるまで会えない。半年待っていてほしい」と告げました。彼は何通も励ましの手紙を書いて送ってきてくれました。

そんなとき彼は、私と彼の共通の知り合いである会社の先輩から、私と行くように野球のチケットをもらったそうです。彼は「彼女は勉強で行けないだろうしどうしよう」と悩み、前から彼に好意を寄せていた後輩の女性を、軽い気持ちで誘ったのです。

野球観戦の帰りに寄ったレストランの駐車場で、「じゃんけんをしてくれますか？じゃんけんで負けたら手をつないでくれますか？」と後輩の女性に言われ、その後手をつなぎながら「彼女と別れてほしい」と言われたようです（私と正反対のタイプの人だったんですよね。私がこんなことをしたら、気持ち悪いって言われてしまいます。こんなこと恥ずかしくて言えないです！）。

正直このとき、私は少し彼に冷めかけていました。しかし、「君はひとりでも生きていける」「家庭的な人がいい」みたいなドラマに出てきそうなセリフを言われ、振られたことではなく、「自分自身を否定されたこと」がすごくショックで、ずっと長い間引きずっていました。

「社会保険労務士」という資格と引き換えに、大切な人を失い、人生までも変えてしまったのだ、とそのときは後悔しました。料理学校でも行けば良かったのだと……。

しかし、それなら徹底的に強くかっこよく生きてやる！　と、安定した銀行に退職届を出し、社会保険労務士事務所に修行に行き、苦労の末今の私があるのです。ちなみに、最近は「見る目がないなぁ。私のようないいオンナを見抜けなかったなんて。もったいない。今の私を見たら後悔するよな」と、勝手に思っています。

考えてみれば、彼と結婚をしていたら、仕事なんてさせてもらえなかったと思いますし、私の良さや個性を生かしてもらえなかったと思いますので、お互いこれで良かったのでしょうね。

自分のことを認めてくれる人と一緒にいることが、人間として一番幸せなことだと思います（主人は無口な人で、褒めてくれたことは一度もないし、私の仕事に全く興味もないみたいだけど、そっと見守ってくれている感じなので、私のことを応援してくれているのかな?)。

仕事でもそうです。「私」をわかってくれる人、やり方が違っても尊敬し合える人、認め合える人とでなければ、やっていけないですよね。

とにかく涙が枯れるほど泣き続けたこと、10年以上、そして今でも傷ついていることなどいろいろあります。しかし、そういうことも含めて今の自分があるし、だからこそ人の気持ちがわかるようになったと思っています。そして、今大変なことや辛いことも未来の自分のためであるし、いつか過去を振り返ったとき、同じように懐かしく、そして感謝の気持ちで受け入れられるのだなと思います。

最近私はこう思います。**ミスした自分も、頑張り通した自分も素敵。しかし、それよりも素敵なのは「やると決めた自分」**。

とにかく種をまかねば育たないし、何も始まりません！　失敗だらけの自分。しかし、そんな自分も含めて今の自分だし、能力や才能がない割に、根性で頑張ってきたなと思います。

そのように思えるまで時間がかかりました。要領も悪いし、頭も悪いし、生き方も下手ですし。しかし、自分を褒められるようになってからは、仕事も勉強も自信を持って取り組めるようになったと感じています。

自分を大好きになってあげて、褒めてあげましょう。自分が好きになれないあなたを、他の人が好きになってくれるはずありません。

自分の一番の味方であり、よき理解者は自分自身なのですから。

ほとんどのことを解決してくれるハーベスト時間術

仕事も、勉強も、子育ても、恋愛も、ハーベスト時間術を使えばすべて上手くいきます。なぜなら、**安定したステップで夢の実現に近づいていくので、自分の心の安定にもつながり、ゆとりが生まれる**からです。

「長期的に見たときに、どうなのか？　将来のためになるのか？」という時間の使い方です。例えば、安っぽい外見だけの異性に振られたりしても、長い人生を考えれば「この人と別れて正解だったのだろうな」と思えますすよね（笑）。私はホレっぽい性格なので、こんな経験は山のようにありますが……（笑）。

スリリングな人生を望む人もいるでしょうけど、人生はゲームではありません。常に「今の自分のしていることは、将来のためになるのか？　将来につながるものなのか？」ということを考えて、あせらずじっくりコツコツと一つひとつ進んでいって欲しいと私は考えています。

私は、この本を通して人生において一番大切なのは「安定」と叫び続けました。国内も海の向こうでも経済が大変な状態に陥り、それが長い間続くことは明白です。だからこそ、**一発逆転ではなく「やれることの積み重ね」を大切にし、誰もがもう一度地盤を作ることから考え直すべき**だと考えています。

何が起こっても、将来その経験が活かせます。不本意なことを相手から言われても、その対応が自分を成長させます。相手の話すことがただの世間話でも、将来の自分にとって必要な基礎になるかもしれません。

目標を持って、気長にそしてフットワーク軽く、ポジティブに継続することで得られる「安定」は、不景気にも強いハイパーリスクヘッジなのです。だから、安定を軸に幸せになるこのハーベスト時間術は、仕事だけでなく、家庭、恋愛など何でも使えるのです。

この本を出版することも、私が描いた夢の収穫です。そして、それが実現した今、次の夢は決まっています。それは**「この本を読んだ方がひとりでも多く、安定と夢の実現ができるようにサポートすること」**です。

あなたも、まずは「将来の自分へ幸せをプレゼントするために、何を始めるか」を考えてみましょう。その種を大切に。そして、あなたの幸せが、周りの大切な方にも広がりますように。

将来の安定と幸せのために、ぜひ夢の種を育ててみてください。

頑張ったあなたの10年後は、想像もできないほどに素晴らしい人生になることを私が保証しましょう。

エピローグ　あなたにもきっとできる！　譲れない何かさえあるならば……

私はとても不器用な人間です。

プラス思想が大切なのはわかっていても、いつも不安いっぱいなのです。

「私って、生き方も考え方も絶対損をしている！」って、悔しくなることばかり。

上手に要領よく生きている人が、本当にうらやましくて仕方ないです。

私は決して要領もよくないし、涼しい顔をして便利な機械を利用して、たくさんのことを要領よく短時間で片づけられるほど器用でもありません。

しかし、自分の1日のスケジュールを書かなければいけないことがあり、書いてみてびっくりしました。「すごい！　これだけのボリュームを私は毎日こなしているんだ」と感激しました。

24時間の表のワクに小さく書いても書き切れないのです。このとき初めて、「私ってすごいかも……」と思ってしまいました。

これが、この本でご紹介した「ハーベスト時間術」が生まれたきっかけでした。

こんな私でも、それだけのことをこなせる理由を考えてみました。とってもとっても欲張りで、仕事も家庭も育児も遊ぶことも、全部あきらめきれないから。自分の中のやるべきことの優先順位がしっかりしているから。自分の求める夢、将来像がはっきりしているから。そして、最重要部分以外は、手を抜ける、一部のこだわりを除いて、あとは適当という良い意味でいいかげんな性格だから……。

この本の、特に後半部分は涙をこぼしながら書きました。楽しかったこと、悲しかったこと、いろいろなことがあったな。遠回りしてばかりだな。もっと、手っ取り早い別のやり方があったかも知れないのに……って。でも、そんなこと全てが、今の私を作ってくれたのだなとしみじみ感じました。

時間が過ぎるのは、本当に早いですね。

テレビから流れる大好きな曲が、もう10年以上前の作品であったり、好きだったタレントを久しぶりに見たら、すごく年をとっていたり、世間を騒がしたあの事件は、もうそんな昔のことだったんだと知ったり……。焦りませんか？　そして、時の過ぎる早さにびっくりしませんか？

私はずっと、こんなことばかり考えて生きてきました。

「どうすれば10年後に笑っていられるのだろう」

「何をすることが10年後には得なのだろう」

今の小さな利益や、得は全く興味がないし、気になりません。

辛い勉強でも、10年後に笑っていると思えば頑張れるし、自分の勉強のため、成長のためと思えば、高い給与を投げ捨てても、生きがいのある安い給与の仕事に飛びこんでいけます。

この人は10年後に伸びる、そして可能性を持っている、そして、私の心を奮い立たせてくれると思えば、忙しい中でもその人と過ごす時間は決してムダだと思いません。

逆に、中身のない、軽くて薄い、愛のない人や事柄に時間を割くのは、どうしても嫌なのです。そういう人に私は、魅力を感じません。たとえ有名な人でも、お金のある人であっても。

「思い」「夢」「プライド」「意地」……本当にひとつだけ、何かがあれば良いと思うのです。それがあれば、大切な時間を本当の意味で有意義に使っていけるはずです。

そんなに難しいこと考えなくても、できなくても大丈夫なんですよね。

目指すもの、譲れないことがあれば、そしてそれを意識さえすれば、あなたオリジナルの素敵な「時間術」が生まれるはずです。

最後に、いつも自信のない平凡な私ですが、そんな私の良さを一生懸命引き出してくれた総合法令出版株式会社の金子尚美様、そして金子様に引き合わせていただいた私の憧れの女性である臼井由妃様にこの場をお借りして御礼申し上げます。

◆著者紹介◆

長沢有紀（ながさわ　ゆき）

長沢社会保険労務士事務所代表
社会保険労務士、行政書士
1969年に東京都に生まれる。共立女子短期大学家政科卒業後、三井信託銀行(現中央三井信託銀行)に勤務のかたわら、将来を考え、宅地建物取引主任者、社会保険労務士資格を取得。名門社労士事務所に勤務後、平成6年8月、25歳にて長沢社会保険労務士事務所を開設した。最年少社労士として注目され、多数の雑誌の取材を受ける。
平成6年から平成9年にかけて、社労士の大手専門学校にて非常勤講師を勤め、多くの合格者を輩出するなど順調に業績を伸ばし、その活動はマスコミの目にとまるほどに。
著書『女性社労士 年収2000万円をめざす』（同文舘出版）は、このジャンルでは異例のベストセラーとなり、資格業の成功者、女性の成功者としても注目される。プライベートでは、3児の母でもある。

メール	info@roumushi.jp
ホームページ	http://www.roumushi.jp/
ブログ	http://roumushi.livedoor.biz/
メルマガ	戦う女性社労士の「愛と情熱の人事コンサルティング」 http://www.mag2.com/m/0000175415.html（無料）

人生の安定成長をうながし夢を収穫しつづける
ハーベスト時間術

2009年5月8日　初版発行

著　者　長沢有紀
発行者　野村直克
発行所　総合法令出版株式会社
〒107－0052　東京都港区赤坂1-9-15　日本自転車会館2号館7階
電話　03-3584-9821(代)
振替　00140-0-69059

印刷・製本　中央精版印刷株式会社

落丁・乱丁本はお取替えいたします。

ISBN978-4-86280-141-8

総合法令出版ホームページ　http://www.horei.com